Collection FORUM

Un espace pour les débats contemporains

Marie-Claire Bergère, *Le Mandarin et le Compradore. Les enjeux de la crise en Asie orientale*
Bruno Berthon, *Dans quelle entreprise travaillerons-nous demain ?*
Jean-Paul Gourevitch, *L'Image en politique*
Daniel Lindenberg, *Figures d'Israël. L'identité juive entre marranisme et sionisme (1648-1998)*
Olivier Mongin, *L'Après 1989. Les nouveaux langages du politique*
Claude Patriat, *La Culture, un besoin d'Etat*
Denis Salas, *Le Tiers Pouvoir. Vers une autre justice*

Chômeurs :
du silence à la révolte

Ouvrages de Didier Demazière

D. Demazière, *Le Chômage en crise?*, Presses universitaires de Lille, 1992.
D. Demazière, *Longue durée. Vivre en chômage* (avec M. Helleboid et J. Mondoloni), Syros, 1994.
D. Demazière, *Le Chômage de longue durée*, PUF, 1995.
D. Demazière, *La Sociologie du chômage*, La Découverte, 1995.
D. Demazière, *Analyser les entretiens biographiques. Le cas de récits d'insertion* (avec C. Dubar), Nathan, 1997.
D. Demazière, *Le Peuple des tribunes* (avec C. Carpentier, Y. Maerten, W. Nuytens, P. Roquet), Documents d'ethnographie régionale, 1998.

DIDIER DEMAZIÈRE
MARIA TERESA PIGNONI

Chômeurs : du silence à la révolte

Sociologie d'une action collective

HACHETTE
Littératures

© Hachette Littératures, 1998
74, rue Bonaparte, 75006 Paris

Introduction

Hiver 1997, les chômeurs occupent

> « Chaque hiver pose à nouveau la grande question, "que faire des chômeurs"; mais alors que le nombre des chômeurs augmente d'année en année, il n'y a personne pour répondre à cette question; et l'on peut presque calculer le moment où les chômeurs, en perdant patience, prendront leur sort dans leurs propres mains. »
>
> (Friedrich Engels, préface à l'édition anglaise, *Le Capital*, 1886, liv. I, vol. I, Londres, Penguins Books, 1976, p. 113.)

Un million de chômeurs en 1977, deux millions en 1982, trois millions en 1993[1]. « Près de sept millions de personnes sont aujourd'hui touchées plus ou moins directement par les difficultés d'emploi », annonce en 1997 un rapport officiel qui a suscité débats et polémiques[2]. Qui aurait imaginé qu'un tel niveau de chômage pouvait être supportable? Et pourtant! L'explosion sociale, redoutée ou souhaitée, ne s'est pas produite. L'augmentation du nombre de chômeurs n'a pas accru leur visibilité, effacés qu'ils sont par la litanie des statistiques. Le chômage est masqué, dissimulé, comme s'il ne pouvait être que confiné dans l'intimité des consciences et des vies privées ou exposé sous forme de courbes et de séries de chiffres. Tel est le paradoxe du chômage : il ne fait pas de bruit, il impose le silence. Un silence brisé de temps à autre par de doctes sentences annonçant une amélioration de la conjoncture ou les promesses incantatoires de lendemains meilleurs.

Pourtant, au cours de l'hiver 1997-1998, les chômeurs ont fait irruption sur la scène sociale. Ils sont apparus à la une de la presse nationale, dans les journaux télévisés, sur les ondes radiophoniques. Ils ont brusquement pris la parole, ils ont brutalement pris position dans la société. Ils ont occupé des bureaux des ASSEDIC, ils ont occupé des rues lors de manifestations récurrentes, ils ont occupé le temps des dirigeants gouvernementaux ou syndicaux, ils ont occupé les conversations les plus ordinaires. Un retour rapide sur les événements est utile, car cette période d'occupation[3], de prise de parole non autorisée, est le révélateur d'enjeux plus globaux qui concernent la place des chômeurs dans la société française contemporaine.

Les chômeurs en colère contre la misère

Les chômeurs mobilisés apparaissent en première page de plusieurs grands quotidiens nationaux le jour de Noël, après une manifestation devant le siège de l'UNEDIC, et alors qu'une quinzaine d'antennes ASSEDIC sont occupées. Ces actions résultent de la convergence de deux dynamiques distinctes.

Une première initiative démarre le 4 décembre quand les comités de chômeurs CGT[4] organisent une journée nationale d'action pour obtenir une « prime de Noël » (de 3 000 francs). Depuis quelques années, une telle aide d'urgence est obtenue dans les Bouches-du-Rhône pour plusieurs milliers de chômeurs. Ces sommes, réclamées aux ASSEDIC, sont prélevées sur le fonds social[5]. Mais celui-ci a été transféré en 1997 à des organismes tiers[6]. Devant la disparition de ce qu'ils considèrent comme un droit des chômeurs, les comités CGT des Bouches-du-Rhône entament une campagne d'occupation des locaux des ASSEDIC. Ces actions s'étendent rapidement à plusieurs autres villes.

La seconde initiative est une « semaine d'urgence sociale », lancée au milieu du mois de décembre par trois réseaux nationaux d'organisations de chômeurs (AC!, APEIS, MNCP), soutenus par des associations de lutte contre la précarité et divers syndicats. L'objectif est d'alerter l'opinion publique sur « la précarisation de la société », par des actions spectaculaires et des occupations de lieux symboliques. Les organisateurs exigent du gouvernement la tenue d'une conférence « pour la lutte contre le chômage, la précarité et les exclusions », tout en formulant d'autres revendications, axées sur l'amélioration immédiate des conditions de vie des chômeurs, la revalorisation de leurs ressources, et l'obtention « d'un revenu décent pour tous ». Dans cette perspective, plusieurs dizaines d'antennes ASSEDIC sont également occupées.

Prises par des organisations différentes et animées par des revendications spécifiques, ces deux initiatives ont pourtant des traits communs : la résistance à la paupérisation est au centre des mobilisations, et l'objectif d'obtenir des réponses concrètes à la « misère » est un élément fédérateur. La manifestation unitaire du 24 décembre concrétise cette convergence. La prime de Noël ou de fin d'année, devient un mot d'ordre commun, et apparaît comme un slogan symbolique qui rappelle, en cette période de fêtes, que les chômeurs n'ont pas une vie normale (« les chômeurs ne veulent pas être exclus des fêtes de Noël », scandaient les manifestants).

Les réponses du gouvernement à ces secousses sont cependant limitées. Ainsi, dans les derniers jours de l'année 1997, les préfets sont incités à faire le point sur « les situations les plus dramatiques » et à répondre aux « cas de détresse sociale » les plus urgents[7]. Ces mesures ne remettent en cause ni le niveau des revenus de remplacement des chômeurs, ni la primauté de l'emploi comme principal pourvoyeur de ressources. Les actions collectives des chômeurs sont en effet comprises comme une colère contre la détresse, comme une révolte contre les ratés du système redistributif. Ce premier acte se clôt vers la fin de l'année 1997, alors que s'affiche dans les manifestations le slogan « nous sommes tous des cas difficiles », rappelant tout à la fois la force de l'appel lancé et le refus de réponses partielles et catégorielles.

Les organisations de chômeurs en quête de reconnaissance

Le début de l'année 1998 correspond à un regain de la mobilisation et à une radicalisation des revendications. La demande d'une prime est maintenue mais d'autres objectifs sont fortement mis en avant : la revalorisation des minima sociaux à un niveau équivalent à deux tiers du SMIC, l'instauration d'un revenu minimum pour les jeunes les plus démunis dès l'âge de dix-huit ans, et une remise à plat de l'indemnisation du chômage. Ces revendications s'inscrivent dans un cadre plus structurel et apparaissent comme une dénonciation d'un système de redistribution qui s'essouffle, dans une société salariale qui n'assure pas le plein emploi.

A mesure que la mobilisation s'amplifie, un débat s'engage sur la légitimité de ces luttes et, au-delà des formes qu'elle prend, sur l'action collective des chômeurs elle-même. Martine Aubry, ministre de l'Emploi et de la Solidarité, souligne ainsi « l'illégalité » de ces occupations et insiste sur leur caractère minoritaire[8]. Nicole Notat, présidente de l'UNEDIC et secrétaire générale de la CFDT, tente également de disqualifier les actions des chômeurs : elle oppose la faiblesse numérique des militants qui occupent les antennes ASSEDIC à l'immense majorité des chômeurs, qui restent silencieux, et dénonce une « manipulation de la détresse »[9]. Marc Blondel, secrétaire général de

FO, va dans le même sens quand il fustige la « récupération » par la CGT. Les soupçons ainsi exprimés opposent chômeurs et militants et réduisent les premiers au rang de simples objets des actions des seconds. Chômer et militer sont définis comme des états incompatibles et contradictoires. Toutefois, plusieurs ministres en exercice expriment leur solidarité avec les chômeurs en lutte [10].

Les organisations mobilisées sont-elles ou non représentatives des chômeurs ? Tel est le débat qui se noue durant la première semaine du mois de janvier. Cette représentativité est déniée au nom de la faiblesse numérique des chômeurs engagés et de la présence de militants aguerris, issus de divers milieux associatifs, politiques et syndicaux, qui encadrent les initiatives. De manière générale, quand un mouvement émerge, sa légitimité n'est jamais acquise : elle est inévitablement un enjeu de lutte, tant qu'il n'a pas été reconnu par les pouvoirs publics qui lui attribuent une représentativité légale. Mais la question de savoir si les chômeurs s'auto-organisent ou sont manipulés ne renvoie pas seulement à l'identité des organisations engagées dans la lutte et à leurs rapports avec leur base. Elle interroge aussi la place des chômeurs et de leurs organisations dans l'espace public, leurs difficultés à conquérir un droit d'expression et à devenir des interlocuteurs acceptables.

Dépourvus de toute prise sur les mécanismes économiques et sur les rouages du paritarisme, les chômeurs ne peuvent que s'adresser à l'Etat et à son rôle de régulateur et de garant des droits sociaux. Le 8 janvier, après que Martine Aubry a rendu hommage, devant les députés, « à une action d'engagement, de citoyenneté »[11], le Premier ministre reçoit « collectivement les associations de chômeurs engagés dans le mouvement en cours », après avoir consulté un à un les syndicats. Suite à ces rencontres, Lionel Jospin annonce plusieurs mesures : elles visent à répondre aux situations individuelles les plus critiques et à associer les organisations des chômeurs à la réflexion sur le « projet de loi de lutte contre les exclusions[12] ».

Ces organisations acquièrent une reconnaissance officielle qui ne se situe pas au même rang que celle des syndicats puisque des mécanismes formels et institués, à la source de toute représentation légale, ne sont pas amorcés. Néanmoins, le gouvernement a fait un premier pas dans la reconnaissance d'actions minoritaires mais populaires, qui ont su relayer les appels de détresse de chômeurs que les syndicats n'ont pas pris en compte[13]. Les organisations de chômeurs saluent « ce premier pas » tout en le jugeant « insuffisant ». Cet épisode apparaît comme un second tournant de la mobilisation des chômeurs.

Le droit de cité des chômeurs

Les évacuations opérées par la police n'empêchent pas de nouvelles occupations, plus brèves et dans d'autres lieux[14]. Même si les initiatives des chômeurs peinent à rallier d'autres catégories de population, notamment les étudiants et les salariés, une grande majorité de la population soutient ou manifeste de la sympathie pour le mouvement[15]. Cette large adhésion s'explique sans doute par la diffusion du chômage, qui nourrit un sentiment de proximité à l'égard des chômeurs : quelle famille est épargnée, qui peut se sentir définitivement protégé ?

Sous la pression des chômeurs, de nouvelles mesures sont annoncées par le Premier ministre qui portent essentiellement sur un rattrapage progressif du pouvoir d'achat de l'allocation spécifique de solidarité, une indexation des minima sociaux sur l'inflation, la possibilité de conserver de manière transitoire certains avantages liés à ces minima en cas de reprise d'un emploi. En refusant d'augmenter de façon substantielle les minima sociaux et de créer un revenu minimum pour les jeunes, le Premier ministre affirme solennellement sa préférence pour « une société du travail » par rapport à « une société de l'assistance ».

Les organisations de chômeurs ne se contentent pas de cette nouvelle réponse du gouvernement, et continuent leurs actions locales de harcèlement. Toutefois, six semaines après les premières initiatives, leur capacité de mobilisation s'érode progressivement, tandis que les premières aides d'urgence sont débloquées par les cellules préfectorales. La journée nationale d'action organisée, le 27 janvier, à l'initiative de la CGT sur le thème de la défense des trente-cinq heures et du pouvoir d'achat, et par les organisations de chômeurs sur celui de la revalorisation des minima sociaux, sanctionne ce reflux. Les organisations de chômeurs décident alors de lever le pied et de recentrer leurs actions sur le projet de loi contre les exclusions.

Cette période de mobilisation se termine aussi par quelques actions symboliques visant à rappeler l'existence des chômeurs et l'impasse dans laquelle ils se trouvent, confrontés qu'ils sont à des difficultés croissantes d'accès à l'emploi et à la diminution rapide de leurs ressources. Ainsi, des chômeurs de Quimper organisent une « grande foire aux gueux », durant laquelle ils se vendent à la criée, en une ultime dérision, sur la place du marché. Cette action résume une avancée significative de ces semaines d'occupation : désormais les chômeurs n'ont plus honte de s'afficher publiquement comme tels. Ils refusent de vivre cachés, et, ce faisant, font violence à la société, contrainte de les regarder en face. Ils n'acceptent plus de se laisser enfermer dans les discours de l'autre, et développent ainsi une puissance provocatrice inédite.

Une action collective paradoxale

Les chômeurs se sont exprimés publiquement, ils ont attiré l'attention, ils ont été écoutés, sinon entendus. Tel est le premier acquis de ce mouvement de mobilisation collective. Le silence des chômeurs est devenu révolte. Ils sont sortis de leur place, habituelle et rassurante, pour endosser un autre rôle, inattendu et menaçant. Cette menace n'a pas le visage, trop connu, de la destruction des liens sociaux, des troubles à l'ordre public ou de la violence que des individus privés d'avenir retournent parfois contre les règles de vie commune. Les chômeurs ont effectué un passage en force dans la société, une entrée par effraction, mais par une action contrôlée, structurée, organisée collectivement. La radicalité de ces initiatives réside dans le fait que ceux qui sont ordinairement considérés comme des problèmes à traiter, des personnes en difficultés, bref des cas à part, ont accédé à un autre statut, celui de membres de la société, d'interlocuteurs, d'acteur collectif. Et cette citoyenneté n'a pas été acquise par la participation à des dispositifs d'insertion et par le retour à l'emploi, elle a été conquise par l'action collective et le mouvement organisé.

Les occupations de l'hiver 1997-1998 ont créé la surprise et provoqué un coup de tonnerre, car l'action collective des chômeurs est inattendue sinon improbable. Elle manifeste en effet un double écart par rapport à la condition de chômeur : avec les attentes normatives qui pèsent sur les chômeurs tout d'abord, puisque celles-ci sont centrées sur la recherche d'emploi et la mobilisation individuelle pour sortir du chômage ; avec le vécu du chômage ensuite, qui s'apparente à une épreuve dévalorisante et stigmatisante et, à ce titre, cachée et soustraite au regard d'autrui. L'action collective des chômeurs est ainsi fondée sur une identité négative, tant du propre point de vue des personnes concernées que de la manière dont les chômeurs sont considérés.

La méthode que nous avons adoptée consiste à comprendre comment ce paradoxe de l'action collective des chômeurs est résolu, dépassé, ou du moins négocié par les acteurs engagés dans ces actions. Pour développer cette approche, nous nous sommes appuyés sur un travail d'observation, d'écoute et de dialogue engagé depuis plusieurs années. Nous avons conduit des enquêtes ethnographiques au sein de collectifs et groupes de chômeurs organisés, mais nous avons aussi réalisé de nombreux entretiens avec des chômeurs qui ne sont pas engagés dans l'action collective, comme avec des professionnels des institutions qui participent directement à la construction de l'expérience du chômage (formateurs, conseillers professionnels...). Cette méthode répond à notre objectif, qui est de comprendre comment la résistance collective des chômeurs émerge, à travers un travail, individuel et collectif, de redéfinition de l'expérience du chômage. Car la production d'une action collective s'inscrit dans des transformations sociales plus larges qui, dans la société française engluée dans un chômage massif et résistant, affectent le statut des chômeurs, les significations de la privation d'emploi, les relations entre chômeurs et travailleurs, les mondes vécus et les normes sociales qui définissent la condition de chômeur. En prenant en compte les rapports dialectiques entre ces évolutions et l'émergence de l'action collective, il est possible d'éviter les points de vue simplistes, qui y voient soit un héritage de mouvements sociaux passés, soit une irruption miraculeuse de luttes imprévisibles, et d'interroger les rapports problématiques entre chômage et action collective.

Pour comprendre le sens de cette irruption des

chômeurs sur la scène publique, nous consacrons le premier chapitre de ce livre à l'analyse des obstacles à une telle mobilisation organisée. Pour expliquer le silence ordinaire des chômeurs, il faut analyser la place qui leur est faite dans notre société et la catégorisation de cette situation. Condition dévalorisée, le chômage est encadré par des normes et règles qui le réduisent à la quête d'un emploi, rendent l'expérience des chômeurs indicible, et les condamnent à l'inexistence sociale. L'action collective est donc particulièrement difficile, car elle implique la production d'une autre interprétation du chômage que celle qui est socialement admise.

La perspective historique que nous adoptons dans un deuxième chapitre permet de souligner que les mobilisations de chômeurs ne sont pourtant pas exceptionnelles, mais qu'elles ont accompagné les crises aiguës de l'emploi au cours du XIXe siècle ou de la grande crise des années trente. Dans des contextes historiques et sociopolitiques très différents, la misère apparaît comme un ressort important des luttes, manifestations et marches de chômeurs. La légitimité de celles-ci est partout et toujours contestée, et la mobilisation des chômeurs est généralement considérée comme une violence intolérable, la transgression d'un tabou.

Dans le troisième chapitre, nous analysons comment la question du chômage est l'objet de reformulations permanentes dans la France contemporaine. Le chômage et ses conséquences y sont constitués comme un objet de mobilisations, tant de la part des pouvoirs publics que d'organismes sociaux ou caritatifs. Mais ces interventions s'appuient sur deux figures hétéronomes : celle du demandeur d'emploi focalisé vers la sortie du chômage, et celle de l'exclu piégé dans des difficultés insurmontables. Le chômage est ainsi l'objet d'un travail d'euphémisation qui fait obstacle à la production d'engagements collectifs des chômeurs eux-mêmes. Des initiatives, souvent limitées et locales, émergent néanmoins progressivement.

Dans un quatrième chapitre, nous portons notre attention sur les principales organisations des chômeurs en France, sur leurs histoires, sur leurs modes d'intervention dans la société, sur leurs dynamiques collectives spécifiques. Toutes sont confrontées au paradoxe inhérent à l'action collective des chômeurs : comment s'organiser à partir d'une identité fondée sur sa propre négation ? Chacune tente, sur la base de son histoire singulière, de résoudre la tension entre lutte pour la disparition du chômage et lutte pour la défense des intérêts des chômeurs et l'amélioration de leur sort.

Le dernier chapitre est consacré à une réflexion sur les enjeux de l'action collective des chômeurs dans une société où le travail demeure une valeur centrale et l'emploi un statut de référence. La mobilisation des chômeurs a certes mis en évidence le caractère insoutenable de la paupérisation de ceux qui sont privés d'emploi. Mais, surtout, elle questionne frontalement les fondements de la société salariale et la connexion étroite entre les revenus et l'emploi qui la caractérise : comment s'articulent la revendication d'un revenu décent pour tous et l'affirmation du droit à l'emploi ; quelles sont les conséquences de l'exigence d'améliorer le statut de chômeur sur les rapports entre le chômage et l'emploi ? Finalement, ces enjeux obligent à interroger le regard que nous portons sur les chômeurs et à réfléchir à la définition de leur place dans une société durement frappée par le chômage, car ce sont les conditions et les modalités d'un possible retournement du sens du chômage que l'action quotidienne des associations et des comités de chômeurs nous permettent d'entrevoir.

I

Les obstacles à la mobilisation collective

> « La première fois que je vis des chômeurs de près, je fus horrifié et stupéfait en découvrant que beaucoup d'entre eux avaient *honte* d'être chômeurs [...] On les avait mis au monde et élevés pour travailler, et voilà que tout se passait comme s'ils étaient à jamais privés de la moindre chance de retrouver un jour du travail. Dans ces conditions, il était inévitable qu'ils soient, dans un premier temps, hantés par un sentiment de déchéance personnelle. Telle était alors l'attitude qui prévalait face au chômage : c'était une catastrophe qui s'abattait sur *vous* en tant qu'individu et dont vous portiez toute la responsabilité. »
>
> (George Orwell, *Le Quai de Wigan*, Paris, Ed. Ivrea, 1995, p. 96-97, édition originale en anglais, 1937.)

Pour la première fois depuis des décennies, les chômeurs ont pris le pas sur le chômage dans l'actualité. Cette occupation de la scène publique procède par effraction ; elle n'efface pourtant pas de longues années passées dans les coulisses. C'est d'abord le silence qui définit la place des chômeurs dans la société : ils sont des millions, mais ils sont sans voix, on ne les entend pas.

Malgré la gravité de la crise de l'emploi, les coutures du tissu social n'ont pas craqué sous la poussée de chômeurs toujours plus nombreux. Et pourtant, à l'approche de la barre du million, puis des deux millions de chômeurs, nombre d'analystes prévoyaient des troubles sociaux, voire des mouvements insurrectionnels. Reste que ces augures, qui traduisaient une angoisse collective plus diffuse, ne se sont pas réalisées. Le spectre de la révolte s'est progressivement éloigné. Les conséquences du chômage de masse ont suivi un cours imprévu : l'indignation, la colère, la fureur ont cédé le pas à la réserve, l'apathie, la résignation. La mobilisation collective annoncée et redoutée est devenue paralysie généralisée.

Faut-il pour autant adopter un point de vue normatif et affirmer que les chômeurs, rebaptisés de plus en plus souvent « exclus » comme pour proclamer leur impuissance sociale et politique, ne sont pas seulement sans représentant, mais qu'ils sont « irreprésentables », qu'« ils ne constituent pas une classe qui pourrait avoir ses délégués ou ses porte-parole[1] » ? Cette sentence se nourrit d'une conception *a priori* de ce qu'est un mouvement social qui prend comme modèle de référence le mouvement ouvrier, c'est-à-dire un mouvement qui s'appuie sur des organisations solides et reconnues, ayant une doctrine stabilisée et diffusée, proposant un projet alternatif de société, et capable de paralyser des pans entiers de la société et de l'économie par de redoutables moyens d'action comme la grève générale.

Si l'on adopte une telle perspective, il est sans doute justifié d'affirmer que, des conditions nécessaires à l'organisation d'une véritable force de transformation sociale, « les surnuméraires n'en présentent aucune. Ils sont atomisés, ne peuvent entretenir d'autre espérance que d'être un peu moins mal placés dans la société actuelle, et ils sont socialement inutiles[2]. » Les luttes des chômeurs au tournant des années 1997 et 1998 questionnent des analyses qui apparaissent indiscutables. Elles invitent à adopter un point de vue moins normatif, qui comprend la mobilisation collective comme la « création de nouveaux engagements et de nouvelles identifications[3] », et cherche à rendre compte des processus de construction et de consolidation des groupes sociaux.

A l'évidence, l'existence des chômeurs comme groupe constitué est contestée, parce que toute force sociale émergente déstabilise les formes établies de représentation, notamment ici les organisations de salariés. Mais indépendamment de ces enjeux sociopolitiques, elle est discutée parce que les chômeurs ne sont pas parvenus à donner d'eux-mêmes une image suffisamment cohérente et forte sans laquelle les groupes ne peuvent obtenir la reconnaissance sociale. C'est pourquoi on ne peut comprendre les initiatives collectives dans lesquelles les chômeurs s'engagent pour défendre leurs intérêts sans élucider d'abord les difficultés et les obstacles à cette mobilisation. On sait que la protestation individuelle ou la mobilisation collective ne sont pas des réactions automatiques face à la détresse ou au malheur : « Personne ne se met en fureur devant une maladie incurable ou un tremblement de terre, ou en face de conditions sociales qu'il paraît impossible de modifier. C'est seulement au cas où l'on a de bonnes raisons de croire que ces conditions pourraient être changées, et qu'elles ne le sont pas, que la fureur éclate[4]. »

L'expérience du chômage est régie par la loi du sauve-qui-peut : à chacun de rassembler ses forces et atouts, ses compétences et ses relations pour tenter d'obtenir un emploi et échapper au chômage. L'injustice qui peut être ressentie par le chômeur est socialement construite dans un cadre individuel et personnel, et les phénomènes ne manquent pas qui atomisent les chômeurs et entravent toute coalition : le sentiment d'infériorité associé à la privation d'emploi, la volonté d'échapper au plus vite à cette condition humiliante, le poids de la norme de la recherche d'emploi, la privatisation de l'expérience du chômage, l'individualisation du traitement des chômeurs...

Mais il faut prendre garde de ne pas rabattre ces facteurs explicatifs sur le seul vécu intime du chômage, car ils concernent tout autant la manière dont les chômeurs sont considérés par autrui, la codification juridique et sociale du chômage, bref les rapports sociaux entre chômeurs et non-chômeurs dans une société salariale.

Une situation discriminante mais éclatée

Les chômeurs forment une catégorie à part. Mais en même temps, celle-ci est prise dans de nombreuses forces centrifuges : les chômeurs ont des histoires et des trajectoires hétérogènes, ils cherchent à échapper à une condition qu'ils n'ont pas choisie, ils sont liés par des rapports de concurrence pour l'accès à l'emploi. Aussi, loin d'apparaître comme la meilleure voie pour sortir du chômage, la coalition risque-t-elle, à l'inverse, d'y enfermer.

Diversité de la catégorie des chômeurs

« Les chômeurs représentent, à n'en pas douter, une population diverse en toutes circonstances. » Cette remarque formulée il y a plus de trente ans par Raymond Ledrut garde toute sa pertinence[5]. On trouve en effet parmi les chômeurs des personnes de toutes conditions : des jeunes sortants de l'école, des travailleurs âgés en fin de vie active et d'autres dans les âges intermédiaires ; des ouvriers qualifiés ou non, des employés, des techniciens, des cadres, et des débutants n'ayant jamais travaillé ; des hommes et des femmes ; des étrangers et des nationaux ; des illettrés et des détenteurs de diplômes de niveau élevé...

Si le chômage est désormais massif, il reste sélectif, et l'âge, la catégorie socioprofessionnelle, le genre, l'origine nationale, le niveau de formation, pour ne citer que ces caractéristiques, demeurent des vecteurs d'inégalités face à la privation d'emploi. Toutefois, depuis le début des années 1990, la progression du chômage a été plus forte parmi des catégories qui en étaient relativement protégées (cadres supérieurs et jeunes diplômés issus de l'enseignement supérieur notamment), de sorte que les inégalités ont tendance à diminuer, augmentant du même coup l'hétérogénéité de la population touchée par le chômage[6]. Surtout, la diversité des situations des chômeurs peut être déclinée à l'infini : certains entrent en chômage et d'autres y sont englués depuis de nombreuses années ; certains recherchent activement un emploi et d'autres sont découragés par l'accumulation de vaines tentatives ; certains nouent des contacts avec les institutions censées aider au placement et d'autres ont perdu toute confiance en ces intermédiaires de l'emploi ; certains croient à l'emploi et d'autres ont réorganisé leur vie en dehors de la sphère du travail ; certains sont privés de toute ressource et d'autres bénéficient de revenus confortables ; certains sont isolés et sans soutien et d'autres jouissent d'un riche réseau relationnel.

Le chômage n'est donc pas une condition univoque et une expérience homogène. Quoi de commun entre un autodidacte devenu ingénieur maison et licencié après trente ans passés dans la même entreprise, et un informaticien intérimaire qui refuse tout emploi durable et réussit à passer trois mois par an sans travailler ? Quoi de commun entre une femme divorcée qui ne parvient pas à retrouver un emploi pourtant indispensable pour nourrir sa famille, et un jeune diplômé issu d'une école de commerce qui prend un peu de temps en espérant trouver un premier emploi intéressant et prometteur ? Quoi de commun entre un jeune sans diplôme ballotté depuis plusieurs années de stage en stage sans pouvoir décrocher un contrat de travail, et une ouvrière qui a passé plus de vingt ans au même poste de travail, puis est emportée dans la catastrophe collective qu'est la fermeture de son usine ? Quoi de commun entre un manœuvre du bâtiment qui a perdu son emploi après un accident du travail et un ingénieur qui, ayant négocié son départ de la PME, prépare un projet de création d'entreprise ?

Le chômage n'est ni le produit d'une discrimination unique qui délimiterait une population spécifique, ni un facteur d'homogénéisation des expériences qui définirait un groupe social. Mais la situation des chômeurs est-elle en cela si différente de celle de nombreuses autres catégories qui sont réputées former des groupes sociaux, voire même des sujets collectifs ? Sous cet angle, les différences sont-elles si grandes entre les chômeurs et les ouvriers par exemple ? Y a-t-il plus de diversité parmi les premiers que chez les seconds ?

Certes, la « classe ouvrière » est parvenue à donner d'elle-même une forme substantielle, une définition objectivée, une représentation officielle. Mais ce travail social d'unification du groupe n'implique nullement un processus d'uniformisation interne. Au contraire, il est inséparable d'oppositions solides entre fractions, par exemple les ouvriers traditionnels de l'artisanat et les ouvriers de la grande industrie, et de différences persistantes, par exemple entre les ouvriers qualifiés et professionnels et les ouvriers spécialisés travaillant à la chaîne[7]. C'est plutôt l'ancienneté du travail de constitution et d'objectivation du groupe qui tend à masquer son hétérogénéité interne et la diversité de ses fractions, caractérisées par des propriétés et des intérêts spécifiques.

Tout groupe social a son centre et ses périphéries, construit ses figures exemplaires et ses cas marginaux et, se faisant, se constitue comme groupe et cherche à faire reconnaître son existence. La définition de ces prototypes, et conséquemment de l'identité du groupe tout entier, est le résultat de conflits d'interprétation qui se développent tant au sein du groupe que dans ses rapports avec les autres composantes de la société[8]. Qu'est-ce qu'un chômeur aujourd'hui? Quel est l'archétype du chômeur? La multiplicité des trajectoires professionnelles et des situations vécues par les chômeurs rend délicate la production d'une réponse unique à ces questions. Surtout, les dernières décennies n'ont pas été le théâtre d'un travail social d'unification du groupe des chômeurs. C'est même la tendance inverse qui s'est affirmée, avec la prolifération de catégories de désignation des personnes privées d'emploi : « chômeurs de longue durée », « nouveaux pauvres », « exclus »...

L'homogénéité sociale n'est nullement une condition nécessaire et suffisante de la formation et de la cohésion d'un groupe, mais du moins celles-ci passent par un travail de mise en cohérence idéologique et d'institutionnalisation sans lequel un groupe n'est pas accompli. Il nous faudra donc tenter de dresser le bilan de ce travail symbolique de catégorisation des situations de privation d'emploi, de démêler l'écheveau embrouillé des modalités de désignation des chômeurs, de comprendre cette « guerre des mots » inhérente à la constitution des groupes sociaux[9]. Examinons d'abord si les chômeurs ne partagent pas des traits communs qui pourraient être des facteurs de cohésion.

Une condition par défaut

Dans la France contemporaine, et dans les pays comparables où le salariat est devenu le principal cadre juridique pour la réalisation des activités professionnelles, le chômage discrimine de manière puissante ceux qui le vivent. C'est aussi une situation de relégation qui s'impose aux individus : personne ne choisit délibérément de devenir chômeur. Certes, chacun dispose de marges de manœuvre, variables, pour conduire sa trajectoire professionnelle : un salarié peut rompre volontairement son contrat de travail, un travailleur peut refuser intentionnellement une proposition d'embauche. De même, un chômeur peut différer sciemment sa quête d'un emploi ; mais c'est rarement parce que le chômage lui apparaît en tant que tel comme une condition supérieure à toute autre. C'est plus sûrement pour améliorer, à moyen ou long terme, sa position sur le marché du travail : dans l'espoir d'obtenir un emploi plus satisfaisant à ses yeux, dans l'attente d'intégrer une formation, dans la perspective de bâtir un projet professionnel... Le chômage n'est pas une fin en soi, un objectif dont la signification s'épuiserait en lui-même. Son sens est dans son issue.

Les chômeurs n'ont pas d'emploi alors qu'ils devraient en avoir un, alors qu'ils en veulent un. Le chômage est donc une condition par défaut, une privation, et non simplement une absence d'emploi : les mères de famille, les étudiants, ou les retraités, par exemple, ne sont pas considérés comme des chômeurs mais sont classés comme inactifs. Contrairement à ceux qui peuvent se définir indépendamment de l'emploi, le chômeur est un « sans », un « sans-emploi » comme le disait le statisticien de la fin du XIXe siècle, quand la catégorie de chômeur n'avait pas encore cristallisé[10]. Cette expression signifie clairement que les chômeurs sont privés de statut ou d'identité juridique : « Ils conservent certes un nom et un sexe, une date et un lieu de naissance [...] mais n'ont rien à inscrire à la rubrique "profession". D'une certaine manière, les sans-emploi se trouvent ainsi hors la loi, en tous cas hors de cette loi commune qui assigne à chacun une fonction dans la vie de la société[11]. » Le chômeur n'est donc pas défini de prime abord par l'intégration dans un groupe ou une culture, mais il est défini en creux, par la négation. Il est celui à qui manquent un emploi, une identité au travail, une appartenance professionnelle. Il n'est qu'un travailleur virtuel, qui doit obtenir un emploi pour se voir reconnaître une place légitime parmi les membres de la société.

Ainsi le chômage sépare fortement des autres membres de la société, il délimite une condition sociale très particulière, il isole une situation juridique tout à fait spécifique : « Le chômeur est vraiment à part[12]. » Les conséquences de la privation d'emploi sont multiples : diminution des ressources, incertitude face à l'avenir, déstabilisation des rythmes de vie, autant de traits qui définissent une infériorité sociale et économique. Ces privations engendrées par le chômage ont une intensité variable. Elles sont les plus ressenties par ceux qui éprouvent de grandes difficultés à obtenir un emploi et, restant en chômage, voient leurs revenus diminuer et leur mode de vie se réduire à une logique de survie. Quand sa durée s'allonge, le chômage est progressivement envahi par l'urgence généralisée : urgence à trouver un emploi, un petit contrat, un stage, urgence à trouver quelque argent pour acquitter une facture, urgence à décrocher une aide sociale pour se nourrir. La faiblesse sociale et économique des chômeurs est une spirale qui fonctionne comme un cercle vicieux.

La privation constitue, dans tous les cas, un caractère spécifique et commun de la vie des chômeurs. Cette insécurité tend toutefois à se diffuser au-delà des frontières du chômage et à affecter les modes de vie d'un nombre croissant de salariés confrontés de manière récurrente à l'instabilité des emplois et la précarité des contrats de travail. Les limites du chômage se brouillent parce que l'intensité avec laquelle il affecte les situations individuelles varie considérablement.

Fuir le chômage, en sortir

Le chômage n'est pas seulement une situation de relégation, que l'on ne choisit pas, c'est aussi un état provisoire, que l'on cherche à quitter. Les chômeurs ne forment pas une communauté dont l'appartenance résulte d'une adhésion personnelle, mais une population définie par la capacité d'évasion des individus qui s'y trouvent malgré eux. Les chômeurs ne constituent donc pas même un « groupe de destin », rassemblant des individus, discrédités et discréditables, porteurs du même stigmate[13]. Car si le chômage est un accident, puisqu'on y entre par revers de fortune, la préoccupation prioritaire est, ensuite, d'en sortir. Dans la codification officielle, le chômage demeure irrémédiablement temporaire et provisoire ; et bien qu'il soit institutionnalisé, il est un passage entre statuts (d'un emploi vers un autre, de la scolarité vers l'emploi...) plus qu'un statut en lui-même. Il est une condition passagère et dévalorisée, extraordinaire et par défaut, toutes caractéristiques qui convergent pour en faire une situation à éviter, à fuir. Le chômeur est dans un état exceptionnel, « à la façon du malade qui se distingue du déficient[14] ».

Aussi singulier et spécifique que soit cet état, il n'a pas le sens d'un statut stable, ce qui rend difficile la formation d'un groupe organisé de chômeurs. Le sens commun de cette condition, celui qui est partagé par tous ceux qui la vivent, c'est l'insatisfaction de leur sort et les tentatives d'évasion. Sortir de la condition de chômeur et obtenir un emploi sont les perspectives qui donnent sens à l'expérience du chômage. C'est également ainsi que le chômage est codifié et mis en forme, par l'obligation de recherche d'emploi, qui fonde la définition officielle de la privation d'emploi, prescrit les comportements des chômeurs, et définit une mobilisation sur une base individuelle.

Défini par la privation, le sens du chômage, celui que les personnes qui le vivent lui donnent comme celui qui lui est attribué de l'extérieur, se construit dans le temps, en fonction des perspectives de sortie de cette condition.

Or la dimension temporelle de l'expérience du chômage est un puissant facteur qui introduit de la diversité parmi les chômeurs : certains découvrent le chômage tandis que d'autres s'y trouvent depuis longtemps; certains anticipent une prochaine sortie par le haut, en accédant à l'emploi, d'autres cherchent à échapper à une sortie par le bas, en évitant l'assistance sociale. L'hétérogénéité sociale des chômeurs ne concerne pas seulement leur état instantané mais plus encore leurs perspectives d'avenir; elle n'est pas seulement inscrite dans l'objectivité du statut présent mais aussi dans la subjectivité du futur pressenti.

Les effets du temps font éclater ce que cette expérience a de spécifique pour différencier des états de plus en plus éloignés. Pourtant, les chômeurs n'ont-ils pas des intérêts en commun?

Des rapports de concurrence

Le chômage étant une condition involontaire, dévalorisée et précaire, l'objectif de celui qui connaît cette situation est de sortir du groupe. La somme des intérêts individuels, et des stratégies non moins individuelles de recherche d'emploi mises en œuvre pour les réaliser, peut-elle devenir un objet d'action collective, un intérêt partagé, un bien commun ? La poursuite d'un projet d'évasion peut-elle rassembler les chômeurs au sein d'une cause commune ? Il a été démontré, par exemple dans le cas des ouvriers, que les tentatives individuelles de promotion professionnelle ne sont pas toujours incompatibles avec la mobilisation collective, et que la participation à une action commune peut résulter de comportements individualistes et utilitaristes [15].

Toutefois, les rapports entre les chômeurs sont structurellement des rapports de concurrence, puisque chacun ambitionne d'être recruté, lui plutôt que tout autre. Même si tout chômeur ne peut pas briguer tous les emplois et si la concurrence n'est pas généralisée, il reste qu'un recrutement consiste bien à sélectionner un candidat parmi un ensemble de postulants. Aussi les activités de recherche d'emploi impliquent-elles peu ou prou des stratégies de différenciation par rapport aux concurrents (ceux qui prétendent au même emploi). L'emploi est un gain individuel et la sortie du groupe n'apparaît guère comme l'objet d'une possible action coordonnée et collective. Certes, de nombreux conflits du travail sont centrés sur l'amélioration ou l'accélération de la carrière de telle ou telle catégorie professionnelle, donc sur une perspective de promotion et d'accès à une situation jugée meilleure. Mais cela n'est possible que si les positions de départ et d'arrivée sont inscrites dans une filière professionnelle, donc reliées entre elles par des règles sociales ou juridiques (règles de passage) qui sont constituées en objectif de lutte pour être modifiées. Il n'y a rien de tel s'agissant du passage du chômage à l'emploi, car si le recrutement fait l'objet de réglementations, visant notamment à éviter les discriminations trop flagrantes, ses caractéristiques constitutives sont l'évaluation des compétences individuelles des candidats, la production de jugements personnalisés et la réalisation d'un tri sélectionnant certain(s) et rejetant d'autres[16]. Plus encore que les salariés, les chômeurs sont constitués comme des rivaux, opposés les uns aux autres par la loi de l'offre et de la demande sur le marché du travail. Les relations sociales dans lesquelles les chômeurs sont structurellement inscrits sont un obstacle à l'émergence d'un intérêt commun.

Si les travailleurs occupés ne sont pas dans une situation si éloignée, du moins leur emploi peut être constitué en un bien à défendre; ce n'est pas le cas du chômage, qui est une condition dévalorisée, imposée et transitoire. L'aspiration à échapper à cette condition n'est-elle pas contradictoire avec la définition d'intérêts et d'objectifs communs? Les stratégies individuelles des chômeurs ne sont-elles pas incompatibles avec l'action collective, dès lors que celle-ci signifierait renoncer à en sortir, figer sa propre identité ? C'est là une spécificité du chômage qui semble admise : « se grouper, au fond, ce serait vouloir rester chômeur[17] », d'où la crainte que toute action collective aboutisse à condamner les individus privés d'emploi à leur condition sociale de chômeur, à les « chômeuriser »[18]. Dès lors, lutter ensemble en tant que chômeurs, ce serait promouvoir une identité contre laquelle les chômeurs se battent et qu'ils récusent.

La privation d'emploi fait peser une menace de stigmatisation sur le sujet, qui cherche à sauver sa position en refusant le statut à ceux qui pourraient le compromettre : la désignation de chômeurs « indignes », « assistés », « profiteurs », la différenciation de « bons et de mauvais chômeurs », de « chômeurs courageux et de fainéants » sont des constantes des propos que les chômeurs tiennent sur leur catégorie d'appartenance[19]. Les variations sémantiques autour du chômage et la production de nouvelles catégories telles que « chercheurs d'emploi » et « offreurs de services », ou encore « exclus », « chômeurs employables », « chômeurs de longue durée »... illustrent la même prise de distance par rapport au groupe des chômeurs dans son ensemble. Ces catégorisations opèrent des dissociations entre fractions qui n'existent que parce qu'elles sont nommées. C'est leur énonciation qui les fait advenir, d'autant plus sûrement qu'elles sont souvent relayées par les institutions publiques et les discours officiels. L'ambiguïté du statut de chômeur freine la reconnaissance dans le groupe, crée le malaise dans la participation collective, et rend problématique l'existence même d'un groupe des chômeurs.

Une expérience sans valeur

Le chômage est une expérience qui dégrade les identités professionnelles et l'estime de soi, de sorte qu'il est difficile de s'afficher et de se revendiquer chômeur. Mais ce vécu de l'épreuve du chômage n'est pas seulement un phénomène interne aux individus, il résulte aussi d'une mise en forme sociale qui assigne les chômeurs à une position dévalorisée et une condition inférieure. L'expérience du chômage risque alors d'être muette et de se réduire à la recherche d'un emploi et aux tentatives pour échapper à la stigmatisation.

Le traumatisme du chômage

Dans notre société contemporaine, le travail est une valeur centrale, et la position dans le système de production définit en grande partie la valeur sociale de ses membres. En avoir ou en être privé impliquent des conséquences déterminantes pour la définition de la place occupée par les individus : avoir un emploi, c'est gagner sa vie, c'est occuper son temps, c'est produire des richesses, c'est apporter sa contribution à l'économie ; en être privé, c'est voir ses revenus diminuer, c'est perdre son temps, c'est être improductif, c'est être inutile. L'emploi procure valeur, reconnaissance, dignité, identité sociale, et le chômage apparaît, en creux, comme sans valeur, négation de toute reconnaissance, frappé d'indignité, destructeur de l'identité. Dans le cadre de la société salariale, le chômage tend à être vécu comme une « épreuve » qui, pour être diversifiée, n'en est pas moins traumatisante[20].

Puisque le travail salarié est à la base de la structuration des temps sociaux, du temps de travail comme du temps hors travail, le chômage dégrade le temps : il produit ennui, désœuvrement, inoccupation. Le temps du chômage est un temps vide. Puisque le travail salarié intègre dans des collectifs et des réseaux sociaux, le chômage isole et menace les appartenances sociales. Puisque le travail salarié permet de se projeter dans l'avenir, le chômage paralyse et provoque perte de confiance en soi et angoisse du lendemain. La longue série des observations ethnographiques et des analyses sociologiques sur le vécu du chômage converge pour tracer du chômeur le portrait d'un « homme en lambeaux », diminué dans son statut social et dans son identité personnelle[21].

Le processus de dévalorisation associé au chômage est d'autant plus violent que l'investissement dans le travail était plus intense, la situation professionnelle plus stabilisée, la perte d'emploi plus imprévisible. Pour les travailleurs licenciés, brutalement rejetés du monde du travail, exclus arbitrairement de leur entreprise, le chômage est, plus que pour tout autre sans doute, une perte de statut[22]. Il est vrai que de nos jours, les licenciés économiques ne sont plus qu'une minorité parmi les chômeurs, où dominent les jeunes quittant le système scolaire, les travailleurs en fin de contrat ou de mission, les sortants de stages de formation et autres dispositifs publics d'aide à l'emploi... Pour eux, la mise en chômage est sans doute moins brutale et l'expérience de la privation d'emploi plus prévisible, quand elle n'est pas récurrente, mais le chômage n'en demeure pas moins une épreuve douloureuse que chacun voudrait éviter.

Le chômage est frappé du sceau de l'humiliation ; il est associé au sentiment d'être mal considéré, de subir un traitement non mérité, quand ce n'est pas d'être coupable de cette relégation. Si ces sentiments sont d'intensité variable, ils sont typiques de la situation de chômage, ils expriment dans le registre du vécu individuel un phénomène structurel : la dévalorisation du statut des chômeurs. Ce n'est pas seulement leur position dans la société qui est ainsi définie, mais également le rôle qu'ils y jouent : le chômage apparaît comme un stigmate qui discrédite son porteur, lequel ne peut que s'en débarrasser ou le dissimuler.

Culpabilité ou résignation ?

Cette infériorité sociale des chômeurs, dont on comprend qu'elle conduise à l'impuissance et à la paralysie collectives, est-elle un trait substantiel, permanent, quel que soit le contexte historique et le nombre de chômeurs ? Des observations, dressées à des époques bien différentes, des années 1930 aux années 1990, en passant par les années 1960 ou 1980, permettent d'éclairer ce point[23].

Quand le niveau global de chômage est faible, l'employabilité moyenne des chômeurs est relativement élevée et leurs chances d'obtenir un emploi importantes. L'expérience du chômage tend alors à s'organiser autour de la recherche d'emploi et de la multiplication des tentatives pour échapper à cette condition. La condition de chômeur est également vécue comme plus infamante et culpabilisante car elle est attribuée à des traits personnels, défauts, carences ou handicaps individuels, plutôt qu'à des causes structurelles [24]. Cette mise en forme sociale du chômage, intériorisée par les personnes concernées elles-mêmes, n'est pas favorable à une quelconque coalition des chômeurs : l'action collective est impensable, sans signification, puisqu'il revient à chaque individu de surmonter ses handicaps personnels sur un marché du travail faiblement déséquilibré.

Un autre contexte est celui où des travailleurs sont victimes d'une catastrophe collective qui atteint fortement une communauté, par exemple quand une entreprise dominante dans une localité ferme ses portes. Dans ce cas, la sélectivité au principe de la mise en chômage n'est pas personnelle mais résulte de l'appartenance à un collectif de travail. Le chômage devient alors une condition commune, non discriminante et non stigmatisante. Mais l'action collective n'en est pas favorisée pour autant, car le chômage collectif apparaît alors comme une catastrophe indépassable. Il engendre le fatalisme, la résignation, le désœuvrement, le délitement des solidarités, la fin de la vie sociale.

La population, paralysée face au fléau, devient une « communauté lasse »[25].

Un troisième cas de figure correspond à un niveau de chômage élevé et chronique, comme c'est le cas dans la France contemporaine. L'employabilité moyenne est dégradée, les durées passées en chômage s'allongent, et une part importante des chômeurs éprouve des difficultés persistantes d'accès à l'emploi. Les chômeurs les plus durablement écartés de l'emploi tendent alors à se décourager, à délaisser ou à abandonner leurs recherches d'emploi, à désespérer d'obtenir un emploi. Ils s'installent progressivement dans le chômage, faute de pouvoir en sortir. La prolongation du chômage amène certainement les individus à réévaluer leur propre définition de la situation. Mais ce processus, observé à maintes reprises[26], tend vers l'enfermement des individus dans un univers plus étroit, une inertie fataliste et un sentiment exacerbé d'inutilité sociale, au point que l'on a parlé d'une « identité négative » à propos des chômeurs de longue durée[27]. De plus, si l'allongement des durées de chômage détourne de la compétition pour les emplois disponibles, il provoque une dégradation des conditions de vie et rejette les chômeurs dans l'urgence de la lutte pour la survie, impliquant de nombreuses démarches auprès d'institutions pour obtenir des aides, ou la recherche d'activités occasionnelles procurant quelque revenu. Le sous-emploi chronique et aigu ne favorise donc pas mécaniquement une structuration du groupe des chômeurs. Il rend toutefois la condition de chômeur de plus en plus insupportable, alors même que les possibilités d'y échapper en accédant à l'emploi s'affaiblissent. Dans ce cas, l'épreuve du chômage se transforme en un cercle vicieux que les stratégies individuelles ne parviennent plus à briser. Privés de perspectives d'avenir, les chômeurs sont alors particulièrement perméables à la résignation et au fatalisme, et risquent de sombrer dans le « chômage total »[28]. Il faudra néanmoins examiner l'hypothèse inverse selon laquelle la misère et la fermeture de tous les horizons temporels poussent les chômeurs dans la rue[29].

Une réduction à la recherche d'emploi

Si la condition de chômeur se définit par la privation d'emploi, l'accès au statut correspondant implique que les prétentions individuelles à l'emploi soient reconnues comme légitimes. L'inscription à l'Agence nationale pour l'emploi constitue le rituel de reconnaissance de la qualité de chômeur, c'est une condition pour bénéficier d'éventuels droits à l'indemnisation ou pour accéder aux dispositifs de la politique de l'emploi. Cette qualification fait entrer dans la catégorie administrative des « demandeurs d'emploi », entraîne l'obligation de recherche d'emploi et implique un contrôle des individus reconnus[30]. La norme de recherche d'emploi est le pendant du caractère transitoire et exceptionnel de l'état de chômeur : passage entre deux statuts, il est défini par l'action permettant le passage à l'emploi, ou,

LES OBSTACLES À LA MOBILISATION COLLECTIVE 45

plus précisément, par une transaction échangeant un soutien public (aide au placement, accès à des formations, mais aussi perception d'un revenu de remplacement) contre un engagement de l'individu dans la prospection d'emplois vacants.

La principale tâche du chômeur est de bien faire son travail, son travail de demandeur d'emploi, c'est-à-dire de rechercher un emploi. Il ne peut y déroger, sous peine de subir des sanctions administratives, d'endurer des condamnations morales, d'être la cible de stigmatisations sociales, bref d'être l'objet de dénis de toutes sortes. Quelle que soit leur situation, un soupçon pèse continûment sur ceux qui sont privés d'emploi : le chômeur doit être laborieux parce que la société elle-même est laborieuse. Les chômeurs apparaissent ainsi comme des morts-vivants, que l'emploi seul peut ramener à la vie, et qui sont guettés en permanence par la mort sociale, le rejet vers l'assistance. Non seulement le chômage est un état par défaut, défini par le manque, mais il n'est jamais pérenne : quand vient le moment où le chômeur n'y croit plus, il est disqualifié, radié.

En fait, la reconnaissance officielle du chômage réduit cette expérience à celle de la recherche d'emploi. Cette dimension constitue un puissant principe de différenciation d'avec les inactifs, qui sont sans emploi mais n'en recherchent pas, mais aussi de contrôle social de la volonté de travailler. La réduction du chômage à une transition et à la recherche d'emploi invalide l'expérience vécue du chômage, et celle-ci devient indicible voire impensable. Le chômeur est un demandeur d'emploi et il doit le rester, car c'est cette qualité qui chasse l'angoisse collective face au chômage. Pour que la société ne souffre pas et supporte le chômage, il faut que les chômeurs souffrent et se dépensent sans compter. Mais en silence, car face à l'épreuve il leur revient de ne pas se décourager. Les demandeurs d'emploi effacent le chômage, témoignent que l'accès à l'emploi est possible, rassurent sur les solutions. Pourtant le décalage va croissant entre cette codification du chômage et les formes concrètes qu'il prend dans les expériences individuelles.

Une position impensable

Les contradictions sont de plus en plus aiguës entre les attentes normatives dirigées vers les chômeurs et les conditions qui leur sont faites. En effet, non seulement l'ancienneté moyenne de chômage, c'est-à-dire le temps moyen nécessaire pour en sortir, s'allonge, mais la part des anciennetés les plus importantes s'accroît, qu'il s'agisse du chômage de longue durée (une année et plus) ou du chômage de très longue durée (deux années et plus).

Des formes de plus en plus durcies de chômage touchent des individus de plus en plus nombreux, au point que se sont multipliées les expressions pour désigner les populations touchées par ces manifestations exacerbées de chômage : « chômeurs structurels », « chômeurs passifs », « chômeurs velléitaires ». Ces catégories soulignent avec force que les formes concrètes de chômage ne se réduisent plus à sa forme abstraite, à son modèle normatif, c'est-à-dire à une privation temporaire d'emploi. Surtout, produire ces nouvelles catégories, c'est mettre certains chômeurs à part, à part des chômeurs ordinaires. Est-ce que ce n'est pas une manière euphémisée de mettre en question leur avenir, de relativiser leurs chances d'accès à l'emploi, de mettre en doute les possibilités de satisfaire leur demande d'un emploi ? N'y a-t-il pas alors une dénégation de leurs revendications, que les déséquilibres du marché du travail contribuent déjà à nier ?

Les chômeurs, en particulier ceux qui sont éloignés du modèle du demandeur d'emploi actif sur le marché du travail et en transition entre deux emplois, sont exposés à une disqualification, risquent d'être jugés peu « employables ». Le recours à la catégorie « exclusion » pour désigner la situation de personnes piégées dans la trappe du chômage est typique de ces jeux sur les frontières du chômage : désigner des membres de la société comme des exclus, c'est leur dénier toute capacité à contribuer au fonctionnement de la société, c'est donc rejeter hors de la communauté, excommunier[31].

Le chômage se disloque : entre les chômeurs engagés dans la course aux emplois et ceux qui sont repoussés vers la course à la survie, les différences se creusent. D'un côté, l'expérience du chômage est celle de la recherche et de l'anticipation d'un emploi, et elle correspond alors à la situation de « ceux qui ne sont pas encore vraiment et profondément des chômeurs », de ceux qui se vivent déjà en dehors du chômage. A l'opposé se dessine la situation de « ceux qui ne sont plus tout à fait des chômeurs[32] », parce qu'ils n'y croient plus et ne peuvent anticiper qu'un avenir fermé et sans perspective. Ces deux figures ne constituent nullement une opposition entre catégories exclusives ; elles dessinent les pôles entre lesquels les chômeurs naviguent, elles rendent compte de processus évolutifs.

Dans cette tension, le chômage disparaît : l'expérience du chômage comme privation d'emploi, et surtout comme exigence légitime d'un emploi et créance sur la société, devient indicible, invisible, illégitime. Elle ne trouve pas de place entre les deux figures polaires qui délimitent l'espace des représentations sociales du chômage. D'un côté, le chômeur est considéré comme un agent économique, développant des stratégies les plus rationnelles possibles sur un marché (celui du travail) pour obtenir un emploi. Le chômeur est ainsi renvoyé à sa propre capacité à sortir de sa condition. Dans cette vision utilitariste, le chômage est réduit à la recherche d'emploi, il est directement relié à l'emploi par les conduites individuelles et le contrôle institutionnel sur celles-ci. D'un autre côté, le chômeur est soupçonné d'être incapable d'obtenir (et de tenir) un emploi, et d'assurer son intégration dans la collectivité. Il constitue alors une menace pour la cohésion de la société elle-même, car sa marginalité sociale risque de se dégrader en déviance. Sa situation appelle un travail de réparation visant à restaurer la continuité du corps social. Dans cette vision compassionnelle, le chômeur est disqualifié de la compétition pour les emplois et devient un pauvre à secourir, le chômage est déconnecté de l'emploi et devient exclusion.

Ce qui réunit le pôle utilitariste, caractérisé par la norme de recherche d'emploi et l'image du demandeur d'emploi « employable » et temporairement en chômage et le pôle compassionnel, caractérisé par la figure de « l'exclu » aux prises avec une accumulation de difficultés, « inemployable » et repoussé aux franges du chômage, c'est qu'ils dessinent tous deux des figures assignées, hétéronomes, définies de l'extérieur plutôt qu'à partir de l'expérience du chômage. En ce sens, l'infériorité sociale des chômeurs ne réside pas seulement dans le sentiment d'humiliation issu de la privation d'emploi, ni dans l'isolement social et la paralysie collective, elle signifie aussi un déni de citoyenneté, une limitation sévère de leur existence sociale. Les chômeurs sont dépossédés de la parole sur le chômage : celui-ci correspond à un espace investi par le langage de l'autre où il n'y a pas de place pour se représenter soi-même, un espace où règnent les catégories officielles au détriment de la langue naturelle des personnes concernées, un espace sans voix, où l'expérience vécue n'est pas dicible. Le développement de l'action publique en direction des chômeurs, ce que l'on appelle habituellement les politiques d'aides à l'insertion et à la réinsertion professionnelles, contribue à renforcer l'encadrement des chômeurs et à réduire tout espace de parole.

Un danger neutralisé et désamorcé

Quand le chômage atteint des niveaux élevés, il devient un problème social qui concerne la collectivité toute entière. Mais, paradoxalement, cette socialisation du chômage fonctionne sur le principe de l'internalisation : les chômeurs s'attribuent à eux-mêmes les causes de leur malheur, ils se définissent comme fautifs, ils s'identifient comme dominés à bon droit. Ainsi, plus le chômage devient un phénomène public qui campe au centre de la société, plus il est déréalisé et renvoyé à une affaire privée et personnelle.

L'individualisation du chômage

Les individus piégés dans la file d'attente ou pris dans la nasse du chômage sont de plus en plus nombreux. Or ils résistent aux risques de disqualification, car l'emploi continue d'occuper une place centrale dans leurs attentes, même pour ceux qui sont réputés les plus en difficultés, qu'il s'agisse de jeunes en voie de marginalisation pour qui « l'obtention d'un emploi stable reste la norme commune[33] », des « exclus » qui expriment une « forte demande d'emploi[34] », des allocataires du RMI qui veulent un « véritable emploi, ni stage de formation ni emploi provisoire[35] », des chômeurs de longue durée dont « l'identité reste structurée par l'activité professionnelle[36] ».

L'accumulation d'obstacles à l'accès à l'emploi augmente indéniablement la distance au rôle de

LES OBSTACLES À LA MOBILISATION COLLECTIVE 51

demandeur d'emploi : les enquêtes minutieuses sur les comportements de recherche d'emploi des chômeurs mettent systématiquement en évidence un relâchement de la prospection d'emploi à mesure que la durée de chômage s'allonge[37]. Pourtant, ces chômeurs maintiennent leurs prétentions et leurs revendications à l'égard de l'emploi, ce qui renforce la consistance du problème du chômage, voire peut mener à l'impasse ou à la révolte, en dépit des difficultés à constituer l'obtention d'un emploi comme enjeu d'une action collective.

Précisément, de nombreux dispositifs publics visent à réduire la contradiction entre les aspirations à l'emploi de ceux qui en sont privés et les difficultés croissantes que certains éprouvent pour trouver un emploi. Faute de pouvoir fournir un emploi à tous, ces politiques publiques déplacent le centre de gravité de la signification du chômage : leur cible directe n'est plus l'emploi mais « l'employabilité »[38], l'organisation d'une période d'insertion qui, d'étape transitoire avant l'emploi, devient un état permanent, une autre manière de dire le chômage[39]. Constituent-elles un espace propice à la réappropriation de l'expérience du chômage, un terreau fertile pour l'émergence de significations du chômage autonomes par rapport à la recherche d'emploi, un lieu de production d'un sens collectif à l'épreuve du chômage ?

Force est de constater que les situations sociales et les relations qui s'y développent ne favorisent guère la structuration et la cohésion des populations en chômage. En effet, ces lieux de traitement du chômage fonctionnent selon le principe de l'individualisation, en particulier à travers le développement d'entretiens individuels avec des professionnels de l'emploi, de bilans personnels et professionnels et de diverses prestations visant à faire le point sur la situation personnelle du chômeur. Les relations qui structurent la condition de chômeur et les situations dans lesquelles son avenir est négocié correspondent à un haut degré d'individualisation, qu'il s'agisse des interactions directes avec des intermédiaires du marché du travail ou des entretiens de recrutement.

Les chômeurs sont généralement renvoyés à leurs carences supposées, quand ce n'est pas à leurs handicaps, autant de facteurs personnels et biographiques censés expliquer le chômage de l'individu. Au sein de ces dispositifs, faute de pouvoir conduire socialement et collectivement l'articulation entre le marché de l'emploi et certains chômeurs, « on laisse le soin à chacun de parcourir le chemin individuellement [40] ».

Selon ces catégorisations, les chômeurs sont amputés de toute valeur sociale, ils sont démonétisés, renvoyés à leur condition, assignés à une position de quémandeur, infériorisés par l'inventaire de leurs difficultés. Les lieux du traitement individualisé du chômage ne sont pas des lieux dans lesquels les chômeurs peuvent prendre la parole et s'approprier leur expérience de la privation d'emploi ; ce sont des lieux d'évaluation de leur situation personnelle et de mesure de leur « employabilité ». Ce ne sont pas des lieux de construction et de reconnaissance de leur valeur sociale, mais des lieux de définition de leur valeur marchande.

Etre chômeur, c'est donc endosser un statut dégradé qui plus est « dans un rapport social qui dicte une contenance à l'existence[41] » : quand la compétition dans la course aux emplois n'opère plus, le chômeur fait l'objet de diagnostics, bilans, et autres évaluations qui débouchent invariablement sur des prescriptions et la participation à des dispositifs censés améliorer son employabilité. Quelle que soit sa situation, le chômeur est sommé de se mobiliser personnellement contre sa condition ; et s'il n'y parvient pas ou si ses efforts ne donnent pas de résultat, c'est dans sa situation personnelle, dans sa biographie que l'on va rechercher l'explication, en identifiant des obstacles intermédiaires à franchir. Dans cette perspective, sa condition n'est jamais reliée à celle de ses semblables, elle n'est pas référée au contexte économique, elle est retournée contre lui, individualisée, privatisée.

Un état dépolitisé et déréalisé

Le développement d'institutions officielles chargées de gérer les chômeurs (ANPE, ASSEDIC, organismes de formation, centres de bilan, entreprises d'insertion, points emploi...) et de dispositifs publics d'aide aux chômeurs (stages de formations, contrats de travail aidés, activités d'utilité sociale...) n'a pas pour seul effet d'individualiser et d'atomiser. Il concourt également à la formulation de la question sociale du chômage : il contribue à présenter le chômage comme le produit d'une crise économique globale, comme le résultat de transformations de l'appareil productif, bref comme un fléau dont on ne peut qu'atténuer les conséquences. Ces interventions correctrices accréditent l'idée que la seule solution est de gérer ces effets, mais qu'il est impossible de combattre le chômage lui-même. Autrement dit, le problème du chômage n'est pas inscrit dans un registre politique.

Si le chômage est un thème récurrent dans les médias, sa mise en scène alterne invariablement entre deux figures : celle des chiffres et courbes statistiques, traduisant des déséquilibres économiques, et celle des portraits individuels, illustrant des processus « d'exclusion ». D'un côté, le chômage est renvoyé à une fatalité appelant, néanmoins, la mobilisation de tous les acteurs de l'économie, d'un autre côté, il est associé à une menace pesant sur la cohésion sociale nécessitant des gestes de solidarité. Tantôt question économique, tantôt question sociale, le chômage ne devient pratiquement jamais une question politique. La mise en forme sociale du chômage le soustrait au débat politique. Si le gouvernement en exercice est toujours tenu pour comptable de la pente de la courbe du chômage, si les acteurs du jeu politique l'utilisent comme arme dans les luttes électorales, le chômage est pourtant défini comme un effet pervers, comme le produit de mécanismes difficiles à maîtriser : mondialisation, taux de change, progrès technique, composent l'équation absconse du chômage. Cette construction de la réalité signifie que personne ne veut le chômage, qu'il n'y a pas de responsable ; elle dit que le chômage est un déséquilibre macro-économique et une plaie sociale plutôt que la transgression du droit à l'emploi, inscrit dans la Constitution.

Ce cadre interprétatif construit le chômage comme un fléau qui appelle une gestion, plutôt que comme une cause qui appelle au débat et au combat. Face au chômage, les marges de manœuvre apparaissent très faibles et la société dans son ensemble, depuis les couches dirigeantes jusqu'au citoyen ordinaire, se trouve démunie.

La lutte contre le chômage n'est guère le lieu d'un « désir de société »[42], mais reste une affaire d'Etat, une entreprise organisée par les pouvoirs publics et déléguée à l'administration. L'action de l'Etat-providence provoque un phénomène de forclusion qui inscrit les chômeurs dans un corpus de règles et de catégorisations sociales qui divisent, trient, rationalisent : chômeurs de longue durée, chômeurs en difficultés, chômeurs âgés, jeunes chômeurs sans qualification, ou encore stagiaires, « RMIstes »... sont autant de catégories opératoires qui disloquent le groupe des chômeurs et le répartissent en autant de cibles, priorités, clientèles, qui parcellisent les statuts et morcellent le groupe des chômeurs[43].

Ce prisme des catégories administratives constitue un ordre politique dépolitisé, que vient redoubler les logiques d'individualisation qui s'y développent : « Nous codons aujourd'hui une multiplicité de problèmes quotidiens dans le langage psychologique, et particulièrement dans celui de la dépression, alors qu'ils étaient énoncés, il y a encore peu, dans un langage social et politique de la revendication, de la lutte et de l'inégalité[44]. » La psychologisation du chômage n'est que la traduction en termes édulcorés d'un climat général d'impuissance, et contribue à la déréalisation des faits. Or la progression du chômage, et de ses avatars, a toutes chances de renforcer ce processus de « banalisation du mal »[45], car le chômage risque d'être d'autant plus perçu comme un destin inéluctable qu'il atteint des niveaux records.

Dans un tel contexte, les chômeurs ne sont pas seulement assignés à une position dévalorisée, ils ne sont pas seulement condamnés à souffrir d'une épreuve traumatisante. Parce que la question du chômage est une question politique dépolitisée, ils croient leur domination légitime, ce qui entrave l'émergence d'une réaction collective[46]. Il en résulte une carence de cible pourtant nécessaire à toute mobilisation, car en l'absence d'adversaire, celle-ci est compromise. Là réside une différence essentielle entre l'exploitation (des travailleurs) et « l'exclusion » (des chômeurs), car si l'exploitation est construite autour d'un rapport social qui définit les exploités comme utiles et même indispensables au fonctionnement du système d'exploitation, « l'exclusion » se distingue par l'absence de tout rapport social entre « exclus » et « inclus », car l'autre n'est pas nommé[47]. Le chômage prive de cette altérité essentielle à la construction d'un rapport de forces ou à l'engagement de négociations. Contre qui et contre quoi se battre lorsque l'on est chômeur ? Contre qui et quoi se battre quand tout le monde est contre le chômage, mais aussi également impuissant à le réduire ? Le chômage tend ainsi à être relégué au rang d'affaire privée et personnelle.

Une affaire privée

L'expérience biographique du chômage et la souffrance qu'elle engendre, l'encadrement social des chômeurs et les politiques publiques qu'il génère, la formulation de la question sociale du chômage et les interprétations qu'elle produit, tout renvoie le chômeur à lui-même. Le chômage demeure, en dépit de sa progression et de sa diffusion, une épreuve privée qu'il vaut mieux taire sinon dissimuler, moins parce qu'elle est dégradante que parce qu'elle provoque la gêne chez les autres. Le chômage est ainsi vu : « comme préoccupation personnelle que le quant-à-soi oblige à réserver aux intimes, sous forme de confidences à mots couverts, plutôt que, par exemple, comme stigmate digne d'être exhibé pour accéder au rang de cause appelant au débat et au combat; comme affaire privée relevant de la vie quotidienne plutôt que, par exemple, comme affaire publique engageant la responsabilité des pouvoirs du même nom; comme tare honteuse du point de vue moral, en un mot qu'il faut taire et cacher plutôt que montrer et dénoncer[48]. »

En ce sens, la condition de chômeur reste un tabou qui appelle peu de commentaires et d'échanges, tandis que le chômage en tant qu'indicateur statistique entraîne moult gloses et explications.

Si l'épreuve du chômage est indicible, ce n'est pas seulement parce qu'elle est douloureuse, c'est aussi parce qu'elle est transformée en recherche d'un emploi. Celle-ci n'est pas seulement une obligation imposée aux chômeurs, elle est aussi au cœur des civilités nouées avec les chômeurs : s'enquérir des pistes identifiées par le chômeur que l'on croise, l'interroger sur les petites annonces qu'il est supposé avoir identifiées, le questionner sur les entretiens d'embauche qu'il est présumé avoir décrochés sont des composantes ordinaires des interactions avec les chômeurs. Si les échanges et la communication avec les chômeurs sont centrés sur la recherche d'emploi, c'est sans doute parce que celle-ci met à distance ce que la souffrance du chômage a de plus personnel, en permettant d'envisager l'avenir, de « positiver » comme on dit souvent. Mais elle redit aussi l'asymétrie des positions entre le détenteur d'un emploi et celui qui en est privé, et rappelle celui-ci à la nécessité de faire des efforts, toujours plus, de se dépasser, pour s'en sortir.

Une expression interdite

La seule figure acceptable du chômeur est celle de l'individu qui recherche un emploi. Encore cette figure ne campe-t-elle guère dans l'espace public. Elle est renvoyée à des institutions et guichets spécialisés où des agents sont en première ligne pour affronter l'impensé[49]. Cette ligne de front, tenue vaille que vaille par des fantassins qui concentrent souffrance et stress, soustrait le chômage au regard et à l'oreille du citoyen ordinaire. L'expression publique des chômeurs est ainsi réduite aux acquêts, et surtout forcément codée puisque suscitée, provoquée, convoquée.

La seule expression publique autorisée du chômeur est le témoignage dont la fonction est d'illustrer les statistiques, de compenser la sécheresse des séries de chiffres. C'est ainsi que surgissent de temps à autre dans les médias quelques figures contrastées : le chômeur désœuvré ayant des difficultés croissantes pour joindre les deux bouts, la mère isolée engagée activement dans la recherche d'emploi pour élever ses enfants, le jeune homme courageux qui est parvenu à créer son propre emploi... Paradoxalement, ces mises en scène, censées faire connaître, sinon partager, l'expérience quotidienne du chômage, construisent cet état comme étranger. Car elles ne fonctionnent jamais sur l'identification mais sur la mise à distance ; car elles ne visent pas la compréhension des situations mais plutôt leur évaluation morale.

Le chômeur qui témoigne est un faire-valoir pour la société, un médium par lequel certaines valeurs cardinales sont régénérées, quels que soient son récit ou ses expériences. Il s'agit d'abord de célébrer les vertus de la solidarité, de provoquer des réflexes compassionnels, de légitimer la distribution de secours aux plus démunis. Cette solidarité est donc inscrite dans un registre caritatif ou du moins affectif, elle s'apparente à une aumône alimentée par l'apitoiement que suscite l'exposition de ceux que l'on désigne de plus en plus souvent comme des « exclus ». Dans le même mouvement, l'exposition publique de quelques spécimens de chômeurs contribue à exalter la valeur de l'effort individuel, car dans le lot, figure toujours quelque héros qui s'en est sorti par lui-même, à force d'audace, de ténacité et de prise de risque.

La part d'angoisse inhérente à l'exhibition des malheurs des chômeurs est neutralisée par ces processus d'attribution de conduites morales et de mise en forme de leur malheur. C'est par cette dialectique que l'effroi, indissociable d'une part de fascination, de la société face aux chômeurs est traité et conjuré : « Mais comment font-ils sans travail et avec si peu d'argent ? Ah, celui qui est motivé peut finalement s'en sortir. Bon, les choses ne sont pas si graves, mais une fois de plus on a eu chaud. » Pourtant le frisson d'effroi ne peut se dissiper que si les chômeurs jouent le jeu attendu.

Connaître le chômage implique, selon les circonstances et les situations, de se cacher en dissimulant son stigmate à autrui ou de se justifier en montrant la patte blanche de celui qui recherche activement un emploi. Rompre le silence et exhiber son stigmate, ce n'est pas seulement risquer la dévalorisation, la condamnation morale. S'afficher chômeur, c'est menacer autrui en tentant de faire partager son malheur. Car si la privation d'emploi est une souffrance, elle doit demeurer privée et intime. « Chômeurs, souffrez en silence. Ce n'est que provisoire ! », telle semble être l'injonction du corps social. Celui qui rompt le silence horrifie et devient abject. L'abjection, ce n'est pas la condition de chômeur, car celle-ci n'est pas un crime ; c'est le chômeur qui n'est pas honteux et qui, ce faisant, perturbe l'ordre établi. C'est le chômeur qui se montre et qui révèle alors la fragilité des situations de ceux qui ont un emploi. C'est le chômeur qui n'a pas le sens des limites, qui n'observe pas la distribution des places, qui ne respecte pas les règles.

Le chômeur est ainsi structurellement assigné à une incapacité sociale, et éliminé de toute relation d'échange. Il lui faut (re)trouver un emploi avant tout. Les chômeurs n'ont donc pas de place dans l'espace public, et leur seul poids est celui de la litanie des chiffres, toujours plus alarmants. Poids mort s'il en est, puisque la masse des chômeurs symbolise d'abord un coût pour les finances publiques, comme l'ont montré de manière éclatante certains arguments opposés aux revendications des organisations de chômeurs au début de l'année 1998. Parce qu'ils sont inutiles, les chômeurs doivent donc rester silencieux et invisibles.

Conclusion : de la résignation à la désignation d'une injustice

L'action collective des chômeurs n'est ni une nécessité historique objective ni une impossibilité sociologique, mais les éléments qui y font obstacle sont particulièrement nombreux. Par conséquent, cette action ne peut se développer sans la réalisation d'un travail social d'unification d'expériences et d'intérêts disparates, sans un travail symbolique de catégorisation et de nomination de cette condition que tout pousse à taire. La constitution d'un langage commun, la construction de représentations partagées du chômage, la production d'une nouvelle définition de situation apparaissent comme des mécanismes incontournables de cette action collective.

L'émergence d'une protestation collective chez les chômeurs implique l'élaboration et l'adoption d'un cadre d'injustice, c'est-à-dire de schèmes d'identification et d'objectivation de la réalité tels que leur situation apparaît aux intéressés comme injuste et modifiable[50]. Le regroupement de chômeurs nécessite une révision de la manière dont ceux-ci considèrent leurs conditions de vie et en évaluent les causes, passant d'attitudes fatalistes et résignées à la désignation d'une injustice[51]. La condition objective des chômeurs et la mise en forme sociale de cette condition sont deux entraves puissantes à l'action collective parce qu'elles forment un cadre qui lui ôte toute signification et toute pertinence : « Même les victimes d'une oppression objective ne percevront pas leur situation comme une injustice si elles lient leur situation à des qualités personnelles[52]. »

Le modèle du demandeur d'emploi et la centralité de la norme de recherche d'emploi dans la catégorisation sociale du chômage constituent un cadre interprétatif qui légitime la privation d'emploi, puisque celle-ci est alors réputée provisoire

LES OBSTACLES À LA MOBILISATION COLLECTIVE 63

et que l'individu lui-même est désigné comme le principal protagoniste de sa sortie du chômage. Pour qu'une action collective émerge, il faut que les individus redéfinissent leur situation de sorte que le chômage devienne illégitime, inacceptable, intolérable. Ce processus s'opère par la conjonction entre les cadres proposés par des minorités militantes ou actives et ceux qui permettent aux chômeurs ordinaires de donner sens à leur expérience quotidienne. Mais il dépend aussi de la conjoncture et du contexte socio-historique caractéristiques d'une époque et d'une société données. C'est pourquoi l'analyse de formes plus anciennes d'action collective de chômeurs peut fournir des éléments comparatifs susceptibles d'éclairer la période contemporaine.

II

Les racines de l'action collective des chômeurs

> « [...] Nous sommes en plein hiver, le chômage augmente sans cesse, la misère rôde partout. Combien parmi les chômeurs sont transis de froid dans leur taudis parce qu'ils n'ont pas de charbon. Combien d'affamés tombent malades dans la rue. Les hôpitaux sont trop petits pour contenir tous les malades. [...] CAMARADES, IL FAUT RÉAGIR. L'issue de notre misérable situation n'est pas dans la résignation, le désespoir, le suicide, LE SALUT EST DANS LA LUTTE. Il faut s'organiser et protester [...]. Ce n'est que par le nombre, que par la force que nous arracherons quelque chose [...]. »
>
> (Tract de décembre 1933, du comité de chômeurs du Havre)

Depuis la réapparition du chômage de masse à la fin des années 1970, aucune mobilisation de chômeurs de l'ampleur de celle de l'hiver 1997-1998 ne s'est manifestée en France. Cette prise de parole inattendue rompt un silence qui est considéré comme « naturel », tant les chômeurs semblent retirés de la participation politique. Il est vrai qu'il n'existe pas à proprement parler de représentation politique des chômeurs : ils n'ont pas d'organisation représentative au sens légal du terme, ils sont largement absents des syndicats de salariés, orientés vers la défense des emplois existants et l'évitement de licenciements plutôt que vers l'insertion professionnelle des chômeurs. Plus globalement, les chômeurs s'intéressent peu aux affaires publiques et sont en moyenne moins politisés que les actifs occupés [1]. De manière générale, les chômeurs ne sont pas considérés comme une force collective, même potentielle, comme s'ils étaient définitivement condamnés à « l'inexistence sociale », parce que leur situation « coupe la plupart d'entre eux de la possibilité d'intervenir sur le cours des choses [2] ». Aux « surnuméraires » d'aujourd'hui ne resterait donc que la résignation silencieuse ou la violence irrationnelle et autodestructrice [3].

Pourtant, dans l'histoire des sociétés industrielles, les « sans-travail » ont rompu plus d'une fois ce silence qui semble peser, telle une fatalité, sur leur condition.

La perte ou le manque de travail ont été, depuis le début du XIXe siècle, à l'origine de nombreuses révoltes spontanées, de mobilisations organisées, de marches de la faim ou de véritables émeutes, en particulier pendant les crises économiques qui ont accompagné le processus d'industrialisation. Ces mobilisations de « sans-travail » ont d'ailleurs joué un rôle important dans la construction du mouvement ouvrier au siècle dernier et notamment dans la création des Bourses du travail[4]. Il est vrai qu'elles n'ont jamais été massives et n'ont pas généré d'organisations durables analogues aux syndicats ouvriers. Pourtant, leur récurrence indique qu'elles ne sont ni des épiphénomènes ni des résidus de l'époque révolue de la formation du salariat.

C'est pourquoi la compréhension des formes contemporaines d'action collective des chômeurs, y compris de leur faiblesse, peut utilement puiser dans l'analyse de révoltes passées, celles des « sans-travail » et « ouvriers flottants » du XIXe siècle, celles des travailleurs rejetés de l'industrie lors de la grande dépression des années 1930. La comparaison historique, mais aussi internationale, permet d'éclairer les processus d'expression publique et d'organisation collective des chômeurs par la prise en compte de la diversité des contextes politiques, économiques et sociaux, des systèmes de protection contre la privation d'emploi, des conditions de vie des chômeurs, des représentations sociales du chômage...

Pourquoi, comment et dans quels contextes des mobilisations collectives ont-elles été possibles ? Quelles formes ont-elles prises et quels en ont été les protagonistes ? Quelle légitimité ont-elles acquise et quelles réactions ont-elles suscitées ?

« **La famine des temps modernes** »[5]

Au cours du XIXe siècle, sous l'effet conjugué de la concentration et de la modernisation du secteur agricole, ainsi que de l'expansion de l'industrie, les migrations saisonnières des campagnes vers les villes se transforment progressivement en exode définitif. Faute de pouvoir retourner dans leurs villages, lors des crises économiques ou de la morte saison, des milliers d'ouvriers sans travail se concentrent dans les villes et les régions industrielles. En l'absence de secours, privés de leur seul gagne-pain, la plupart de ces premiers prolétaires de l'ère industrielle n'ont alors plus aucun moyen de subsistance.

Si la figure du chômeur, dans son acception moderne de « salarié régulier involontairement privé d'emploi », ne s'est imposée qu'à partir du XXe siècle, c'est au cours du siècle précédent que « l'ouvrier sans travail » s'est progressivement détaché de la foule des pauvres, des misérables, des invalides, des vagabonds. Ainsi, s'il apparaît anachronique d'utiliser les catégories de chômage et de chômeur de façon rétrospective pour évoquer le manque d'ouvrage chez les ouvriers du XIXe siècle[6], la privation involontaire de travail commence pourtant à être perçue comme le nouveau fléau des classes populaires urbaines dès la première révolution industrielle. Dans ce contexte, les rassemblements et les marches de la faim « d'ouvriers sans-travail » ont également contribué, à imposer dans le débat public le problème du chômage et à identifier, au sein de ce premier prolétariat urbain, la figure du chômeur.

Ce travail de catégorisation est l'œuvre des réformateurs sociaux de la fin du XIXe et du début du XXe siècle. Ils identifient le « chômeur » à un travailleur « respectable et régulier » involontairement sans travail, en le distinguant des travailleurs « flottants », qui constituent encore la majorité des travailleurs industriels[7]. Les catégories de « travailleur régulier » et de « chômeur » ont alors une valeur plus prescriptive que descriptive. Elles anticipent ce qui sera le salariat de la société fordiste du XXe siècle. « L'ouvrier flottant », travailleur irrégulier souvent non qualifié, n'a dès lors qu'une alternative : se conformer aux nouvelles exigences de la société industrielle en consommant son asservissement total au travail ou être refoulé vers la masse des vagabonds et des sans-travail chroniques, ces « rebuts de la société », qui suscitent la répression des autorités, la méfiance des organisations ouvrières et la réprobation de la morale publique.

Les sans-travail comme les vagabonds dérangent. En échappant à tout rapport de domination organisée, ils représentent une menace pour l'ordre social. Armée industrielle de réserve ou prolétaires déclassés noyés dans la masse amorphe et versatile du « lumpenprolétariat », les sans-travail sont refoulés à la marge de tout rapport de classe. Dans une société où le travail est le moteur du progrès et de la cohésion, le chômage ne peut être que le symptôme d'une régression morale et sociale.

Les révoltes des « sans-travail » en France

Pourtant, dès la première moitié du XIXᵉ siècle, le lien entre pauvreté et industrialisation est pointé par nombre d'observateurs : une vaste littérature, faite de romans, d'enquêtes sociologiques ou de travaux statistiques, porte à la connaissance publique les souffrances et les déséquilibres provoqués par l'industrialisation.

Les ultimes années de la monarchie de Juillet voient la manifestation d'un chômage massif et l'apparition des premières révoltes et organisations ouvrières qui s'affirmeront dans les dernières décennies du siècle[8]. Sociétés de secours mutuel, sociétés de résistance, bourses auxiliaires sont les premières formes d'autodéfense de la classe ouvrière contre la maladie, l'invalidité, et le manque d'ouvrage. Mais, compte tenu de la faiblesse de ces organisations, les révoltes des sans-travail restent encore très proches des traditionnelles émeutes paysannes et, comme celles-ci, elles sont le plus souvent désorganisées et spontanées[9]. Tout au long de la première moitié du XIXᵉ siècle, l'expression la plus éclatante de ces révoltes est la destruction par les ouvriers de nouvelles machines auxquelles ils attribuent la cause la plus directe de la perte de travail et de leur misère. Ces mouvements, qualifiés aujourd'hui de « luddisme » du nom d'un ouvrier, Ludham, qui en Angleterre fut à l'origine des premières protestations de ce genre, ont souvent été considérés comme l'expression d'une mentalité préindustrielle attachée à une organisation archaïque de la production et du travail[10]. C'est néanmoins par ces multiples protestations de petits groupes inorganisés qui se battent pour leur survie que le monde ouvrier commence à émerger sur la scène sociale.

De même, si les revendications de la révolution de février 1848 ont été la République et le droit au travail, la présence des « sans-travail » sur les barricades parisiennes en juin 1848, lors des émeutes qui suivirent la fermeture des Ateliers nationaux, est dictée par le désespoir populaire plutôt que par un dessein politique.

En revanche, au cours des deux dernières décennies du XIXe siècle, en France comme dans les pays européens les plus industrialisés et aux Etats-Unis, les mobilisations « d'ouvriers sans travail sont le fait de groupes organisés » et marquent une transformation des représentations politiques engendrées par le chômage et le passage du « sans-travail au chômeur »[11]. C'est qu'à partir des années 1870, spéculations boursières, krachs financiers, crise agricole, urbanisation croissante, suppressions d'industries et métiers obsolètes sont à l'origine d'une longue période de dépression économique. Pour la majorité des ouvriers, ces crises marquent la découverte d'une « famine d'un genre nouveau » bien différente de celles qui étaient provoquées par les guerres et les mauvaises récoltes du passé. Contre ce nouveau fléau, la résistance traditionnelle, faite de solidarités primaires et d'économie de subsistance, est, dans les villes, inexistante ou impuissante.

En France, les organisations ouvrières sont encore trop faibles pour apporter un quelconque secours. Les caisses d'assurance chômage des organisations professionnelles sont rares, et les sociétés caritatives s'intéressent peu aux sans-travail valides. Quant à l'intervention des municipalités, elle consiste essentiellement en aides ponctuelles ou en subventions de caisses professionnelles de secours mutuel, lorsque celles-ci existent[12].

C'est dans un tel contexte qu'au cours des années 1880 se déroulent plusieurs manifestations et meetings d'ouvriers sans travail. Mais ils sortent difficilement des limites de la capitale, où d'ailleurs la crise est la plus aiguë. La première de ces manifestations, organisée par la chambre syndicale des menuisiers du bâtiment le 9 mars 1883 sur l'esplanade des Invalides, réunit 20 000 ouvriers privés d'emploi. Son but est de dénoncer la misère provoquée par le chômage généralisé dans cette profession. Interdite par les autorités, cette manifestation est réprimée violemment par la police. Elle prend une dimension politique d'autant plus forte qu'elle s'adresse directement à la « République » et qu'à cette époque, la hantise de nouveaux désordres sociaux est très présente. L'appel suivant est affiché dans les rues de Paris : « Camarades, en présence du chômage et de la misère que nous subissons, en présence de l'indifférence de ceux qui nous gouvernent, un grand nombre d'entre nous ont pris l'initiative de ce meeting. Que pas un de vous ne manque à ce rendez-vous pacifique, pour bien démontrer notre droit à l'existence. Si notre riche République n'a plus de travail à nous donner, elle doit au moins nourrir le créateur de sa richesse, son plus ferme soutien, l'ouvrier[13]. »

De cette manifestation de sans-travail, les contemporains et les autorités retiennent surtout la présence de militants anarchistes et le pillage de quelques boulangeries. Louise Michel, identifiée comme la principale instigatrice de ces désordres, et condamnée à six ans de prison, est accusée d'avoir voulu créer d'injustes illusions chez les ouvriers sans travail[14] : « Cette mobilisation provoquée par l'urgence immédiate ne pouvait pas ne pas avoir d'effets en retour sur les groupes socialistes et syndicaux dont le développement était encore relativement faible, et qui avaient là, pour la première fois, l'occasion de mettre leur capacités organisationnelles au service d'un mouvement réel[15]. »

C'est ainsi qu'à Paris et dans certaines villes de province se forment des « commissions d'ouvriers sans travail » chargées d'impulser le mouvement. Alors que les anarchistes sont à l'origine de nombreux « meetings d'affamés » qui généralement tournent à l'émeute, les socialistes essayent d'orienter et de structurer un mouvement qui reste bien souvent spontané, en élaborant un cahier de revendications. Celles-ci portent sur le droit « du peuple à l'existence », l'ouverture de chantiers municipaux, la distribution de ressources pour vivre (à défaut d'emplois), la réduction de la journée de travail à huit heures. Les chômeurs réclament l'imposition d'un prix unique pour les principales denrées alimentaires, un moratoire pour les loyers inférieurs à 500 francs et l'attribution d'un crédit de 500 millions de francs aux organisations syndicales pour répondre aux besoins les plus urgents. Le refus, opposé par le gouvernement, d'une intervention de l'Etat pour améliorer les conditions de vie des sans-travail, les poussent « à rechercher sur le plan municipal d'autres voies permettant d'atténuer les effets de la crise[16] ».

En province, Marseille et Lyon sont aussi les scènes d'agitations importantes. A Marseille, en 1884, alors qu'une épidémie de choléra provoque la fermeture de la plupart des usines de la ville, une « commission d'ouvriers sans travail » tente d'organiser un mouvement, rapidement réprimé par la police. A Lyon, la même année, une commission de sans-travail réussit à obtenir l'ouverture d'un chantier municipal et la création d'un fonds de 50 000 francs pour venir en aide aux chômeurs.

Ces mouvements se consument en l'espace de quelques années, en raison de la faiblesse des organisations ouvrières et de la concurrence entre les partis de la gauche réformiste ou révolutionnaire, anarchistes et socialistes de toutes tendances, qui se disputent sa direction. Néanmoins, c'est à cette époque que commence le débat sur le projet d'ouverture d'une Bourse du travail au conseil municipal de Paris ; et la liberté syndicale est obtenue en 1884.

Si cette loi « peut être interprétée comme une réponse conciliatrice de la bourgeoisie républicaine au renouveau du mouvement ouvrier[17] », elle est aussi le fruit d'un rapport de forces dans lequel les ouvriers sans travail ont joué un rôle central.

Et dans d'autres pays industriels

Dans d'autres pays au cours de la même époque, les chômeurs s'organisent pour revendiquer du travail et de meilleures conditions de vie.

Le chômage qui sévit en Grande-Bretagne, au cours des années 1880, est à l'origine de fréquentes et massives « manifestations de la faim ». Dans ce pays, les organisations ouvrières ont connu une structuration plus précoce qu'en France, et environ la moitié des membres des Trade Unions est affiliée aux caisses syndicales d'assurance contre le chômage. En 1886, des manifestations de sans-travail ont lieu dans plusieurs villes industrielles. La même année, un rassemblement de 50 000 sans-travail se tient à Hyde Park, et en 1889, le syndicaliste John Burns dirige une première marche de la faim sur Londres. Dans les années suivantes, de telles marches se multiplient au cours de chaque hiver.

Si ces manifestations de chômeurs font souvent l'objet d'une répression violente, elles bousculent profondément les anciennes représentations de la pauvreté. Organisée par les syndicats et le jeune Labour Party, l'irruption des chômeurs sur la scène sociale alimente le débat sur « la question des sans-travail », leur catégorisation et leur traitement social[18]. En 1905, les chômeurs anglais s'organisent au sein du Central Unemployed Board (Comité central des sans-travail), dont les actions ne sont pas étrangères à la mise en place, la même année, de l'Unemployed Workmen's Act (loi qui instaure un dispositif de secours par le travail « aux vrais chômeurs »), ainsi que de l'assurance chômage obligatoire en 1911.

Parallèlement, aux Etats-Unis, la crise économique des années 1870 provoque d'importantes manifestations de chômeurs dans de nombreuses villes, notamment à New York où des manifestations rassemblent de dix à quinze mille personnes, ou à Chicago où, suite à une marche de chômeurs et à l'occupation de la « Société d'assistance » de la ville, organisées par les anarchistes, les manifestants obtiennent une distribution générale d'aides. Mais c'est au cours de la dépression de 1893-1896 que les marches et les manifestations de chômeurs, soutenues, comme par le passé, par des groupes politiques de gauche ou des mouvements populistes, acquièrent une visibilité nationale. C'est pendant ces mêmes années que le problème du chômage investit le débat social et qu'émerge la distinction entre « chômeurs industriels et pauvres chroniques [19] ».

En 1894, un ouvrier américain sur quatre est sans emploi. Le libéralisme est alors dominant, interdisant une quelconque intervention des pouvoirs publics. C'est pourquoi, en réponse à l'indifférence du Congrès face à la situation de millions de personnes vivant dans le plus grand dénuement, Coxey, un petit industriel de l'Ohio, ancien militant de l'aile gauche du parti démocrate devenu membre du Parti du peuple, qui avait proposé sans succès un programme de travaux publics pour résorber le chômage, décide d'organiser une marche de chômeurs sur Washington pour faire pression sur le gouvernement. Partis par milliers de plusieurs villes des Etats-Unis, organisés sur le modèle d'une armée en plusieurs compagnies commandées par un « officier », ils ne sont que quelques centaines, le 1er mai 1894, à rallier la capitale où ils n'obtiennent pas l'écoute espérée, et leur leader est arrêté[20]. Dans un pays où triomphe l'individualisme et où le travail constitue la seule source légitime de la réussite individuelle, la pauvreté est perçue comme « la conséquence de l'oisiveté et du péché ». Dès lors, « la notion même d'un système d'assistance apparaissait comme un blasphème[21] ».

Vers les années 1890 en Allemagne, en Espagne, en Italie, en Belgique se déroulent également des manifestations de sans-travail et des marches de la faim. Dans les pays du Sud, alors que les transformations du travail agricole et surtout les crises agraires de la fin du siècle provoquent la prolétarisation et le chômage massif des paysans les plus pauvres, l'industrie est encore trop balbutiante pour accueillir cette main-d'œuvre en « surnombre ». L'émergence de la « question sociale » dans les campagnes de la vallée du Pô (Padanie), dans le nord de l'Italie, s'accompagne de l'explosion d'un important mouvement revendicatif de sans-travail. Dans cette région, parmi les plus dynamiques sur le plan économique, la crise agraire qui démarre au début des années 1880, entraîne une augmentation dramatique du chômage. Alors que l'émigration est la seule perspective de survie pour les paysans pauvres et dispersés du Sud ou d'autres régions du nord du pays, les ouvriers agricoles de la Padanie créent des coopératives de travail.

N'ayant comme « richesse » que la force de leurs bras, face aux difficultés rencontrées pour vendre individuellement leur force de travail, les *braccianti* s'organisent pour obtenir collectivement du travail.

Leur activité s'oriente surtout vers des travaux de bonification des terres marécageuses, de transport de matériaux, de maintenance des routes, d'endiguement pour des collectivités territoriales ou des entrepreneurs et des propriétaires terriens[22]... Influencées par les idées socialistes ou soutenues par l'esprit philanthropique de riches propriétaires, qui les considèrent comme un instrument de régulation et de contrôle des conflits sociaux, ces coopératives ouvrières représentent néanmoins une forme de résistance collective originale face au chômage, et une alternative à l'émigration.

Au cours des crises économiques qui ponctuent le xixe et le début du xxe siècle, la misère est à l'origine de révoltes d'ouvriers sans travail. En dépit de leur caractère souvent sporadique et peu structuré, ces mouvements constituent néanmoins l'expression d'une combativité naissante. De même, au début des années 1930, alors que les organisations ouvrières sont désormais plus structurées, mais encore interdites dans les entreprises et affaiblies par un chômage massif et durable, les comités de chômeurs sont souvent les derniers foyers de résistance ouvrière.

La crise des années 1930 et les révoltes contre la misère

Pendant la grande crise des années trente, face à la montée rapide du chômage, à sa persistance et à l'insuffisance des réponses apportées par les pouvoirs publics, les chômeurs se mobilisent à nouveau, plus massivement cette fois. C'est en Grande-Bretagne et aux Etats-Unis que ces mobilisations sont les plus imposantes. En France, les effets de la crise se manifestent plus tardivement et sont relativement moins accusés, mais les chômeurs se regroupent aussi afin de revendiquer collectivement des moyens pour vivre. Si au début de la crise la plupart des gens souffre en silence, avec sa persistance et l'aggravation des conditions de vie qui en résulte, les représentations sociales liées au chômage évoluent et ce, même dans un pays aussi individualiste que les Etats-Unis. Le chômage est progressivement perçu comme un désastre collectif et non comme la conséquence de fautes ou carences individuelles. Dans la mesure où les remèdes économiques se révèlent inefficaces pour faire reculer la crise, la protestation et la révolte progressent. L'absence ou la faiblesse des systèmes d'assurance chômage ainsi que le durcissement des critères d'accès là où ils ont été institués, sont souvent à l'origine des premières réactions collectives des chômeurs. Des syndicats ouvriers et des groupes politiques radicaux soutiennent et encadrent, dans la plupart des cas, ces mouvements de chômeurs et jouent un rôle déterminant dans l'élaboration des revendications et dans la formulation d'une analyse politique de la crise.

Initiatives syndicales et marches de la faim en France

Dans les années trente, il n'existe pas de système d'assurance obligatoire contre le chômage en France. Depuis 1928, les assurés sociaux sont maintenus dans leurs droits aux prestations en cas de maladie pendant les six premiers mois de chômage, mais ces indemnités ne peuvent pas être cumulées avec les allocations des fonds de chômage municipaux ou départementaux. Ces derniers, subventionnés depuis 1914 par un fonds national de chômage, n'existent pas dans toutes les villes et sont rares dans les communes rurales. Leurs difficultés financières, aggravées par les décrets de 1926 et de 1927 supprimant l'octroi des subventions aux fonds déficitaires, provoquent leur régression. Enfin, des caisses syndicales, de secours mutuel ou patronales, existent depuis la fin du XIXe siècle, mais, en dépit des subventions que, à partir de 1905, les pouvoirs publics allouent à certaines d'entre elles, leurs moyens restent limités. Ainsi la majorité des chômeurs ne bénéficie d'aucune aide et c'est plutôt aux bureaux de bienfaisance qu'ils s'adressent en cas de besoin. Alors que les priorités des pouvoirs publics vont plutôt vers la défense de la monnaie et l'équilibre du budget, le nombre des chômeurs augmente rapidement et la misère affecte un nombre croissant de foyers[23].

Dans ce contexte, des mouvements de sans-emploi se manifestent, de façon inégale, dans toutes les régions. Ces regroupements sont organisés sur la base d'une profession (les marins chômeurs du Havre) ou d'une ville (les chômeurs calaisiens), de comités structurés par le syndicat sur le plan régional (Comité d'unité d'action de la région toulousaine) ou départemental (Comité des chômeurs et des chômeuses des Bouches-du-Rhône). Qu'ils soient indépendants ou d'origine syndicale, ils sont, dans la plupart des cas, soutenus et impulsés par la CGTU[24]. Pour ce syndicat, l'organisation des chômeurs est d'abord un moyen de résistance à la propagande fasciste parmi le prolétariat. Le fascisme allemand n'a-t-il pas, à l'aide de soupes populaires et de réfectoires, « entraîné dans ses rangs un grand nombre de sans-travail et en particulier les jeunes chômeurs[25] » ?

En outre, d'autres acteurs risquent de détourner une partie de la classe ouvrière du syndicat : notamment les organisations caritatives qui créent « des comités d'entraide » pour les chômeurs ou la Jeunesse ouvrière chrétienne qui réunit, en 1933, 200 délégués de jeunes chômeurs. Pour Charles Tillon, chargé d'impulser l'organisation des chômeurs par la CGTU, ceci est la preuve que le syndicat n'investit pas suffisamment les problèmes des chômeurs alors qu'il devrait être leur porte-parole. D'après les estimations de la CGTU, les comités de chômeurs comptent, à cette époque, 120 000 membres, sur plus de 300 000 chômeurs secourus et plus d'un million de chômeurs qui ne perçoivent rien. Ce bilan qui aujourd'hui apparaîtrait comme plutôt positif (10 % de chômeurs syndiqués!) est pourtant présenté par Charles Tillon comme le résultat d'un intérêt encore trop modeste du syndicat à l'égard des chômeurs.

A cela s'ajoute la difficulté d'organiser « cette masse difficile à saisir » qui, bien que prête à descendre dans la rue, est loin du syndicat. Ainsi, comme le rappelle Charles Tillon dans ses mémoires, alors que « le mouvement ouvrier en France ne disposait pas de la puissance du mouvement anglais pour organiser des marches de chômeurs célèbres[26] », l'organisation d'un mouvement « indépendant » semble être la stratégie la plus réaliste pour le syndicat afin de favoriser le développement d'une mobilisation de chômeurs de grande ampleur. Sur l'exemple des chômeurs de Saint-Nazaire qui, en quelques jours, ont réussi à organiser une marche sur Nantes, « les comités de chômeurs devaient se dégager de toute tutelle d'organisation par l'élection démocratique de leurs délégués pour l'action ». Dans ces structures « indépendantes », le rôle des militants syndicaux serait, dès lors, de « lier la lutte des travailleurs occupés, des chômeurs partiels à celle des sans-travail... », et de montrer la nécessité pour les « sans-travail non syndiqués » de rejoindre le syndicat.

C'est dans le Nord et dans la région parisienne, profondément touchés par la crise de l'industrie textile et métallurgique, que le mouvement est le plus fort. Entre 1932 et 1935, le nombre des comités passe d'une dizaine à plus de 70 dans le Nord et double, pour atteindre plus d'une quarantaine, dans la région parisienne. Mais dans de nombreuses villes, les comités de chômeurs portent leurs « cahiers de revendications » aux représentants des pouvoirs publics (maires, préfets, ministre du Travail). Ils demandent la mise en place de fonds de chômage ou l'amélioration de l'indemnisation (là où elle existe), la gratuité des soins médicaux, des transports et le droit à la scolarité et aux colonies de vacances gratuites pour les enfants. Ils réclament l'amélioration des conditions de pointage, le droit de siéger au sein des institutions en charge du chômage, l'arrêt des expulsions et des saisies, l'exonération d'impôts et le dégrèvement des dettes. Plus globalement, les comités revendiquent un travail pour tous et l'organisation, par l'Etat, de grands travaux publics. « Comme remède de toute urgence à la crise », les chômeurs demandent l'application immédiate de la semaine de quarante heures « sans diminution de salaire », la suppression des heures supplémentaires, l'interdiction du cumul des emplois (chez les fonctionnaires et les retraités) et l'anticipation de la retraite.

Délégations de sans-emploi auprès des autorités locales, manifestations locales et régionales, puis marches de la faim se multiplient jusqu'en 1934-1935. C'est la marche organisée par le Comité régional des chômeurs du Nord-Pas-de-Calais, partie de Lille en novembre 1933, qui a le plus grand retentissement. Elle s'achève aux portes de Paris par une manifestation de plusieurs milliers de chômeurs. En dépit de l'absence de résultats concrets, la marche se termine dans la fierté et l'orgueil, d'autant plus que la mise à disposition par le gouvernement d'un train pour le retour des marcheurs est perçue comme un signe de reconnaissance et de respect pour les protagonistes de cette entreprise.

Deux ans plus tard, lors de son intervention au VIIIe congrès national de la CGTU, le secrétaire général dresse un bilan mitigé des acquis de trois ans de luttes des chômeurs. Grâce aux mobilisations des comités, de nouveaux fonds de chômage ont certes été ouverts ici et là, des radiations empêchées, des aides en nature obtenues. Mais la grande majorité des chômeurs ne perçoit encore aucune allocation, reste isolée et vit dans le plus grand dénuement. Le syndicat a manifestement de grandes difficultés à organiser les chômeurs, alors que le nombre de ses adhérents est en baisse. La solidarité entre travailleurs occupés et chômeurs rencontre des obstacles qui s'enracinent dans les préjugés et les peurs que le chômage suscite. Mais surtout, les chômeurs expriment des revendications immédiates : ils luttent pour obtenir des secours urgents, des aides en nature qui les soulagent de la misère et, pour de nombreux syndicalistes, ces revendications ne peuvent que « détourner les sans-emploi de l'action contre les vraies causes de la crise [27] ».

Bien que consciente de la situation particulière des chômeurs et notamment des difficultés pour le syndicat de les organiser, la CGTU refuse l'idée d'un syndicat national de chômeurs : « Un syndicat de chômeurs consacrerait de fait l'isolement des sans-travail du reste de la classe ; sa création n'aurait d'autre sens que de sanctionner les carences des syndicats et l'incapacité de leur direction à assumer leurs tâches et en particulier la prise en charge des revendications des chômeurs par l'ensemble du mouvement syndical[28]. »

Ainsi, avec l'arrivée au pouvoir du Front populaire, alors que d'autres luttes et de nouveaux espoirs traversent le mouvement ouvrier, les manifestations de chômeurs s'étiolent.

Bien que le ton des pétitions adressées par les chômeurs aux maires et préfets soit dans la plupart des cas respectueux et modéré, et que le caractère urgent et pragmatique de leurs revendications ne semble guère subversif, la présence de la CGT et l'implication, pourtant modeste, du parti communiste dans l'organisation des comités suffisent aux commentateurs de l'époque pour déceler derrière cette mobilisation « contre nature », la « main de Moscou ». Seul le soutien compatissant et charitable aux chômeurs est accepté et légitime, et toute autre forme de solidarité est suspecte. En témoigne le cas de Simone Weil qui, pendant l'exercice de son premier poste de professeur de philosophie au lycée du Puy (Haute-Loire), affiche publiquement sa sympathie et son soutien au comité des chômeurs de la ville. Sa participation en décembre 1931 à une délégation de chômeurs auprès du maire, lui vaut de nombreuses attaques par la presse locale ainsi qu'une enquête administrative. Fonctionnaire « grassement payée », elle est accusée de « faire de l'agitation », « d'instiguer une agitation communiste », bref de manipuler « des pauvres chômeurs »[29].

La résistance des chômeurs dans d'autres pays

En Grande-Bretagne, le système d'assurance obligatoire contre le chômage existe depuis 1911. En 1931, le nombre de chômeurs atteint 2,7 millions et le versement d'une allocation à tous est devenu trop onéreux pour les finances publiques. D'ailleurs, le gouvernement craint que les subsides soient considérés comme un véritable revenu garanti et impose des mesures : baisse des allocations, réduction de la durée maximale de sa perception à vingt-six semaines. Les conditions d'accès à l'allocation deviennent si draconiennes qu'en 1932, seul un chômeur sur deux en bénéficie. Ces réformes (le *means test*) déclenchent d'importants mouvements de chômeurs. Les premières manifestations ont un caractère local : elles s'adressent en priorité aux comités pour l'assistance publique qui appliquent les taux les plus bas, pour les forcer à augmenter le niveau des allocations. Mais une loi nationale limite la marge de manœuvre des comités les plus bienveillants. Aussi les revendications se tournent-elles assez rapidement vers le gouvernement, et le mouvement des chômeurs se structure sur le plan national.

Le National Unemployed Workers'Movement rassemble des milliers de chômeurs, anciens ouvriers, jeunes, militants d'extrême gauche, ce qui lui vaut l'appellation par la presse de « *Red Rabble* » (racaille rouge). Soupçonné de connivence avec Moscou pour son affiliation communiste, le mouvement des chômeurs anglais se retrouve isolé des puissantes organisations syndicales et du parti travailliste qui ont des positions plutôt réformistes. Pour expliquer la mobilisation d'une masse jugée « amorphe et ignorante » telle que celle des chômeurs, le cliché de la manipulation, du complot qui vient de l'étranger, est systématiquement évoqué. Cependant, les marches de la faim, organisées par le National Unemployed Workers'Movement, qui souvent se terminent par des heurts sanglants avec les forces de l'ordre, suscitent beaucoup de sympathie dans tout le pays et contribuent à attirer l'attention des pouvoirs publics sur le drame des chômeurs britanniques.

Pendant les premières années de la crise, aux Etats-Unis, les chômeurs ne bénéficient pas d'un système national d'assistance chômage, les aides varient d'un Etat à l'autre et même d'une ville à l'autre. Dans ce contexte, les conditions de vie des chômeurs et de leurs familles se détériorent rapidement. Dans un premier temps, des comités d'entraide se mettent en place pour la collecte de vêtements et de nourriture ou la recherche collective de petits boulots. Mais progressivement, d'autres formes d'actions émergent. Des émeutes violentes dans les quartiers où les huissiers procèdent à l'expulsion des « mauvais payeurs », des pillages de magasins, des révoltes de chômeurs dans les régions minières du Kentucky, des occupations de bureaux d'aide sociale alarment les autorités locales hantées par le danger du communisme.

Dès 1930, le parti communiste crée les Unemployed Councils qui revendiquent la mise en place d'une assurance chômage sur le plan fédéral. Ils organisent des actions locales contre la baisse des subsides, là où ils existent, ou leur mise en place là où rien n'est prévu pour secourir les chômeurs, contre les expulsions, pour de meilleures conditions de vie dans les foyers municipaux, pour la gratuité du loyer, du gaz et de l'électricité. En 1931 et en 1932, les organisations communistes mobilisent des milliers de chômeurs en dépit d'une répression violente : chaque manifestation se termine par des heurts, des arrestations et parfois même des morts. En 1932, A.J. Muste, militant de la gauche socialiste, fondateur du Congress for Progressive Labor Action, crée les Ligues des chômeurs (Unemployed Leagues ou Unemployed Citizens Leagues) [30]. Leurs revendications ne portent pas seulement sur la mise en place d'un système de protection sociale, elles incitent les chômeurs à créer des réseaux d'entraide et à se mobiliser dans le cadre d'activités d'autosubsistance. Différents courants du mouvement socialiste organisent aussi les chômeurs dans de grandes villes telles que New York, Chicago, Baltimore ainsi que des élus locaux de toutes tendances. Les syndicats, notamment celui des mineurs (UMW) ou des chauffeurs (Teamster) [31] encadrent également des mouvements de chômeurs. Le nombre d'adhérents de ces organisations est difficile à évaluer mais, dans certaines villes, elles rassemblent plusieurs dizaines de milliers de personnes.

Plusieurs tentatives sont faites, à partir de 1932, pour constituer une organisation nationale, mais c'est en 1935 qu'est créée la Workers Alliance of America qui réunit la majorité des organisations de chômeurs. A la fin de l'année 1936, l'Alliance compte 1 600 comités dans 43 Etats et environ 300 000 membres. Cependant, elle ne cristallise pas un mouvement de masse aussi imposant que dans les premières années de la crise. Les divisions internes et les échecs essuyés au cours de ses différentes actions auprès du Congrès américain expliquent la brève existence de cette organisation. Les mouvements des chômeurs n'arrivent pas à empêcher la réduction des dispositifs fédéraux d'assistance et leur remplacement, en octobre 1934, par des programmes de travaux publics. La réélection de Roosevelt, en 1936, et le soutien populaire que suscite le New Deal ne favorisent pas les mobilisations des chômeurs, et les avancées en matière de sécurité sociale, de droit du travail et d'indemnisation du chômage améliorent tout de même le sort de millions de chômeurs qui, dès lors, n'adhèrent plus aux objectifs plus politiques et radicaux de leurs leaders. Les actions collectives des chômeurs ont néanmoins joué un rôle important dans le progrès de la législation sociale aux Etats-Unis[32].

En Allemagne, dès le début des années vingt, une crise économique d'une grande ampleur, accompagnée d'une inflation galopante, est à l'origine de manifestations massives de chômeurs[33]. Après les premières tentatives infructueuses d'organisation d'un mouvement de chômeurs (dans les années 1918-1919) au sein du Mouvement révolutionnaire du conseil des travailleurs (WCM), le parti communiste allemand (KPD) tente, à partir de 1924, de constituer un mouvement national de sans-emploi. Mais la conception centraliste et dirigiste de ce parti qui subordonne les intérêts des chômeurs à ceux des actifs occupés rencontre la méfiance et la réticence des sans-emploi. Ceux-ci s'organisent le plus souvent en comités locaux parallèles aux organisations syndicales qui leur offrent des assurances et une solidarité matérielle [34].

Avec la grande dépression de 1929, les prestations sont réduites et soumises à l'obligation pour les chômeurs de travailler dans les programmes de travaux publics. L'explosion du chômage, ainsi que la montée du nazisme conduisent le parti communiste à déplacer le centre des luttes sociales et de la confrontation politique des usines à la rue, des ouvriers occupés aux chômeurs. Les files d'attente devant les bureaux de l'assistance sociale, les réfectoires des soupes populaires, les quartiers ouvriers où se concentrent les chômeurs deviennent ainsi les lieux d'une intense activité militante, qui se traduit, entre autre, par une progression du nombre des membres du KPD. Ce changement de stratégie, et notamment la reconnaissance des revendications spécifiques et immédiates des chômeurs, favorise l'émergence, au cours des dernières années de la République de Weimar, d'un vaste mouvement de chômeurs fortement politisé. Le Comité national réunit des comités régionaux et des comités locaux qui, organisés sur la base du quartier, s'attachent à répondre aux problèmes quotidiens des chômeurs.

En dépit du nombre limité d'adhérents (en 1931, on compte 1 300 comités dans l'ensemble du pays, qui rassemblent 80 000 adhérents, alors que le nombre des chômeurs est de 5 ou 6 millions), dans certaines villes les comités locaux parviennent à mobiliser un nombre très important de chômeurs, notamment dans les régions industrielles les plus durement frappées par la crise. Leurs revendications sont semblables à celles rencontrées dans les autres pays : ils réclament l'augmentation des allocations de chômage, des aides en nature, la suspension des loyers et l'arrêt des expulsions des familles frappées par le chômage.

Comme en Grande-Bretagne, les confrontations régulières avec les forces de l'ordre au cours de marches et de manifestations se soldent souvent par des affrontements violents, parfois meurtriers.

Entre 1928 et 1933, le nombre des membres du parti communiste va presque doubler, et lorsque on sait qu'en 1932 plus de huit adhérents sur dix sont au chômage, on a une idée de son influence chez les chômeurs. Au début des années trente, il devient le « parti des chômeurs ». En dépit de cette radicalisation du vote populaire, les divisions du mouvement ouvrier et l'approfondissement de la crise provoquent l'affaiblissement et la démobilisation des chômeurs. Dans ce contexte, la prise du pouvoir par le parti national-socialiste en janvier 1933 marque le déclin de plusieurs années de mobilisation des chômeurs[35].

Conclusion : des mobilisations « illégitimes »

Les révoltes des sans-travail au début de la société industrielle ou les protestations des chômeurs de la « grande dépression » montrent que l'histoire du chômage n'est pas faite seulement de silence et de résignation. Elles révèlent aussi de surprenantes analogies avec les luttes contemporaines, en dépit du développement de systèmes de protection sociale et de l'élévation des niveaux de vie.

L'analyse historique fait émerger des phénomènes récurrents qui apparaissent comme des traits saillants de l'action collective des chômeurs. Tout d'abord, si des mobilisations ont été possibles, cela ne tient pas à une perception moins dévalorisante du chômage et des chômeurs. Au XIXe siècle comme dans les années trente, le chômage est une condition disqualifiante, honteuse, qui « dé-classe » et qui renvoie d'abord à une défaillance personnelle, à une responsabilité individuelle. Le travail est considéré tantôt comme la source de toutes les vertus, tantôt comme le principal vecteur de l'émancipation politique de la classe ouvrière. Dès lors, le chômage est à la fois le signe d'une régression qui ronge la société, et la marque d'une épreuve honteuse et douloureuse, à vivre en privé.

C'est souvent dans les périodes où les conditions de vie étaient les plus dures que les chômeurs se sont révoltés, que le sentiment de culpabilité a cédé devant le sentiment d'injustice, que la soumission muette à la charité publique a été remplacée par la revendication du droit à l'existence. La misère a été le ressort des protestations collectives des chômeurs.

Révoltes sporadiques et spontanées ou mouvements plus structurés, ces mobilisations n'ont, à chaque époque, concerné qu'une minorité des chômeurs. Ceux-ci ont toujours rencontré de grandes difficultés à s'organiser collectivement et à trouver une expression autonome. Et leurs mobilisations ont été d'autant plus efficaces et durables qu'elles ont été soutenues et impulsées par des organisations ouvrières et politiques. Ainsi, leur histoire est aussi liée à celle de ces mêmes organisations, à leur force et à leur faiblesse. Les divisions internes qui les traversent, la difficile articulation entre revendications immédiates des chômeurs et objectifs politiques de ces organisations, la distance entre salariés, militants politiques et sans-emploi... ont été des problèmes récurrents dans l'histoire des mouvements de chômeurs. A partir des années trente, les organisations ouvrières et les groupes ou partis politiques de la gauche radicale ont toujours été les relais structurants de ces protestations.

Néanmoins, à l'exception de la Grande-Bretagne, un mouvement national de chômeurs a du mal à émerger. Mais la faible structuration des organisations des chômeurs au niveau national est souvent compensée par une plus grande influence sur le plan local. La ville, le quartier se révèlent, dès les premières révoltes de chômeurs, des cadres plus adaptés au regroupement et à l'action collective. L'appartenance à une même communauté, le partage des mêmes conditions de vie et des mêmes expériences de travail sont souvent des facteurs constitutifs du groupe. La désignation de cibles à qui adresser les revendications apparaît plus aisée à l'échelle locale. Enfin, la solidité de l'ancrage local des alliés (syndicats ou partis politiques) et la présence d'une tradition de luttes ouvrières favorisent l'existence et la pérennisation de comités locaux de chômeurs.

D'autre part, les chômeurs organisés ont toujours fait l'objet d'une violente répression, comme si toute revendication de la part des chômeurs apparaissait *ipso facto* comme illégitime. Au XIXe siècle comme dans les années trente, entre l'image de la victime réduite au plus grand dénuement et celle du fainéant, le chômeur n'est pas considéré comme un acteur à part entière, capable de prendre la parole ou d'agir pour défendre ses intérêts. En dépit du caractère massif du chômage, les soupçons qui pèsent sur les sans-travail persistent et se renforcent même, comme le prouvent les restrictions ou les contrôles qui accompagnent les aides qui leur sont accordées. Des chômeurs qui osent protester et revendiquer sont donc encore plus suspects et subversifs. Ils sont considérés au mieux comme les victimes ignares d'obscures manipulations, au pire comme des faux chômeurs, agitateurs sociaux qui n'ont aucune légitimité.

Chaque époque et chaque mobilisation de chômeurs ont eu « leurs manipulateurs et leurs faux chômeurs », généralement identifiés dans les organisations syndicales ou politiques qui ont appuyé ces luttes de sans-travail (anarchistes, socialistes, communistes, comploteurs étrangers, moscoutaires, gauchistes, militants professionnels...). Le discrédit jeté sur les organisations qui déclenchent, soutiennent ou accompagnent ces mouvements vise à disqualifier les chômeurs organisés et à les renvoyer à un état d'immaturité politique, au rang de citoyens de seconde classe. Et, de fait, les chômeurs ne sont guère parvenus, en dépit de manifestations qui ont rassemblé des dizaines ou des centaines de milliers de sans-emploi d'horizons sociaux et politiques divers, à faire reconnaître la légitimité de leurs actions.

Malgré leurs limites en terme de durée et d'effets politiques, ces mobilisations marquent des moments de ruptures violentes dans le silence des chômeurs et ne sont pas restées sans conséquences. Elles ont arraché des résultats immédiats et concrets là où des mesures d'aide aux chômeurs sont mises en place ou améliorées ; elles ont pesé dans la prise de conscience des problèmes du chômage de la part de l'opinion publique et des autorités ; elles ont représenté une résistance collective contre les atteintes quotidiennes subies par les plus pauvres, contre leur isolement et leur désespoir ; elles ont constitué un rempart, parfois fragile, contre la xénophobie croissante qui caractérise toujours les périodes de crise économique.

Ces observations historiques montrent non seulement que le désespoir et le fatalisme ne sont pas des conséquences inévitables du chômage, mais aussi qu'à trop insister sur le « vécu » du chômage, on risque d'occulter le rôle du contexte sociopolitique dans la construction des réactions au chômage, des engagements des chômeurs et de leur réception dans la société. Est-ce le chômage en soi qui mène à la paralysie collective, ou bien est-ce le chômage qui survient hors de tout cadre politique ? Si les mobilisations des chômeurs contribuent à changer leur place dans la société, cette place est construite selon d'autres mécanismes : systèmes de protection sociale et modes d'indemnisation du chômage, actions de l'Etat et politiques publiques de régulation du marché du travail, initiatives institutionnelles pour maintenir la cohésion sociale. Aussi, pour comprendre les actions collectives de chômeurs dans la France contemporaine importe-t-il de mieux saisir l'environnement dans lequel elles se développent.

III

Chômage de masse et diversité des mobilisations

« Les membres des classes populaires connaissent, par une longue expérience, les heures d'attente au bureau de chômage, chez le médecin ou à l'hôpital. [... Ils] se trouvent souvent au contact des petits fonctionnaires. De même que les policiers, les petits bureaucrates, qui sont des serviteurs pour les classes aisées, apparaissent aux classes populaires comme des agents des "autres" : on ne leur fait jamais confiance, même lorsqu'ils se montrent avenants ou bien disposés. »

(Richard Hoggart, *La Culture du pauvre*, Paris, Minuit, 1970, p. 119, édition originale anglaise, 1957.)

Un demi-siècle environ sépare la grande dépression des années 1930 de l'installation durable du chômage dans la France contemporaine. Plus de soixante années se sont écoulées entre les marches qui rassemblèrent des chômeurs affamés et privés de ressources et les occupations de plusieurs antennes ASSEDIC et de locaux publics au cours de l'hiver 1997-1998. L'action collective des chômeurs ne s'inscrit pas dans une histoire continue, parce que le chômage n'est pas un trait invariant des économies capitalistes. Les trois décennies qui ont suivi la Seconde Guerre mondiale (trente Glorieuses) correspondent à une période de croissance économique et de quasi-plein emploi. La question de la justice sociale est alors formulée en termes de répartition des fruits d'une expansion économique censée réduire les inégalités et conduire vers le progrès social.

Le boom économique des années cinquante et soixante, accompagné de grands espoirs de promotion sociale et de profonds changements de société, efface d'un coup d'éponge le souvenir de la crise des années 1930 et de ses conséquences dramatiques. Les risques liés à la perte d'emploi sont couverts par le développement de la protection sociale et par un système d'emploi qui assure la stabilité de la main-d'œuvre. Durant cette période, « on considérait que le chômage avait cessé d'être un problème. On renvoyait dans le passé un phénomène monstrueux qui se trouvait [...] éliminé par un capitalisme nouveau capable, tout particulièrement en France, de dominer parfaitement le secteur de l'emploi [...] la crainte ancestrale du chômage était passée au second plan [1]. » Si l'on excepte un chômage qualifié de frictionnel et réputé incompressible, le chômage a disparu, du moins jusqu'au milieu des années soixante. Les tensions sur le marché du travail résultent plutôt de pénuries sectorielles de main-d'œuvre, au point qu'une politique d'immigration est organisée, et que l'activité des femmes est encouragée.

La situation de l'emploi commence à se dégrader avant le premier choc pétrolier, puisque le taux de chômage passe de 1,7 % à 3 % entre 1962 et 1973. Mais c'est au cours du dernier quart du siècle que le chômage devient massif. Il faut retracer les mutations qui ont marqué cette période : évolution de la conjoncture économique, installation du chômage dans la société, tentatives pour réduire les déséquilibres de l'emploi..., pour comprendre les processus d'émergence d'organisations de chômeurs et les formes que prendra cette action collective. En effet, si le chômage s'installe rapidement au cœur de l'économie et de la société française, les chômeurs sont, eux, un centre-absent : ils occupent les esprits mais sont à l'écart des mobilisations autour de la cause du chômage. Ce n'est que graduellement que des formes de résistance collective des chômeurs émergent.

Un chômage sans chômeurs

L'accélération de la montée du chômage dans les années 1970 rompt assez brutalement avec la période antérieure. Toutefois, la confiance en une croissance économique inépuisable et un progrès social infaillible ne se lézarde que progressivement. La conviction que la crise est passagère perdure, et les propos de Valéry Giscard d'Estaing, alors président de la République, annonçant « le bout du tunnel » répercutent une opinion partagée, jusqu'à la fin de la décennie soixante-dix. Certes, plus du quart des demandeurs d'emploi a alors une ancienneté de chômage supérieure à un an ; mais l'image classique des chômeurs de longue durée est soit celle d'une main-d'œuvre âgée ou souffrant de problèmes de santé (maladies, handicaps, accidents du travail), soit celle de travailleurs qui ne font pas tout ce qu'il faut pour retrouver un emploi[2]. Ou bien elle est associée à des perspectives de retrait du marché du travail par le biais de statuts aménagés (invalidité, préretraites), ou bien elle est reliée à une responsabilité individuelle, voire à une faute personnelle. Les analyses du chômage et la formulation de la question sociale vont rapidement évoluer. Mais les chômeurs sont alors subdivisés en diverses catégories et ne sont pas considérés comme un groupe social potentiel.

Un chômage transitoire

Au cours des années 1970, le chômage est encore fortement associé aux reconversions industrielles qui frappent certains secteurs : extraction charbonnière, sidérurgie, construction navale notamment. L'idée prévaut que le chômage est sectorisé, et se manifeste principalement sous la forme du licenciement économique de travailleurs de l'industrie. Le relèvement des indemnités pour perte d'emploi, et la mise en œuvre de multiples plans et dispositifs de conversion atténuent le contrecoup de ces crises et limitent les tensions sociales[3]. La politique de l'emploi est également centrée sur « la réduction mécanique » du volume de la population active, donc du chômage, à travers les mesures d'âge encourageant le départ anticipé en retraite pour les plus âgés ou les aides au retour au pays d'origine pour les immigrés[4]. Toutefois, le nombre des actifs continuent à augmenter, alimenté par l'arrivée des générations du baby-boom sur le marché du travail et la progression de l'activité féminine.

Les interprétations du chômage sont partiellement révisées au tournant des années 1970-1980, avec la prise de conscience d'un important surchômage juvénile, attribué principalement à une formation scolaire faible ou inadaptée[5]. L'entrée dans la vie active est désormais considérée comme une période de transition qui s'allonge, et de nombreux dispositifs d'aide à l'insertion professionnelle sont mis en œuvre pour favoriser l'accès des jeunes à l'emploi. Pour les moins scolarisés, « petits boulots » (TUC, intérim, CDD...)[6] et stages de formation permettent d'échapper au chômage, sans toutefois garantir un dénouement heureux à cette transition professionnelle.

Les normes et les statuts d'emploi évoluent rapidement dans le sens d'une précarisation croissante (contrats à durée déterminée, travail temporaire ou à temps partiel), conséquence de la recherche d'une plus grande flexibilité de la part des entreprises et de l'affaiblissement de la combativité et de la capacité de négociation des organisations ouvrières dans un contexte de chômage massif[7]. Celui-ci contribue à accélérer une érosion déjà engagée du nombre d'adhérents aux syndicats de salariés, qui se replient sur leurs « bastions », situés notamment dans le secteur public et les entreprises nationalisées [8].

L'adhésion est sans doute plus difficile quand joue la peur de perdre son emploi, que l'on est soumis à un statut précaire ou que l'on travaille dans une petite entreprise. Mais les syndicats n'ont pas su ou pu s'adapter aux mutations du salariat et ils sont, de fait, coupés de fractions croissantes de travailleurs, et, plus encore, des chômeurs. Selon le responsable des premiers comités de chômeurs CGT vers la fin des années 1970, le dialogue entre chômeurs et salariés occupés apparaît d'autant plus difficile que « le syndicat ne semble pas en mesure de comprendre » les licenciés des petites entreprises, les jeunes, les femmes, les précaires, des populations qui n'ont pas l'expérience d'un collectif de travail et de luttes syndicales [9].

La crise de l'emploi est interprétée en référence à l'emploi stable, et le chômage est considéré comme une condition transitoire qui n'a pas de consistance en tant que telle. Chômage de conversion et chômage d'insertion, conversion et transition professionnelles sont les catégories qui dominent les interprétations du chômage et de sa croissance jusqu'au milieu des années 1980. Si le chômage s'est installé dans la société française, c'est un chômage sans chômeurs, un chômage peuplé de travailleurs licenciés économiques, de jeunes en difficultés d'insertion professionnelle, ou de travailleurs précaires. Pourtant, la population des chômeurs continue de grossir, le chômage résiste, et la déconnexion va croissant entre l'emploi et la privation d'emploi, la norme d'emploi héritée de la période de plein emploi et les formes de chômage qui se développent rapidement.

Le « chômage de longue durée »

La cohérence du schéma précédent est remise en cause au cours des années 1980. La progression du chômage de masse et la coupure au sein même de la population des chômeurs entre ceux qui restent proches de l'emploi et ceux qui s'en éloignent de plus en plus contribue à faire apparaître le chômage comme un phénomène tenace et résistant, voire comme un fléau inéluctable et irrésistible. Alors que l'attention des pouvoirs publics, des gestionnaires du chômage, ou encore des partenaires sociaux est focalisée sur la pente de la courbe du chômage et sur les flux d'entrée (jeunes et licenciés économiques notamment) ou de sortie (plans de conversion et départs anticipés en retraite), se constitue un stock de chômeurs dont les liens avec l'emploi se fragilisent et se distendent.

L'émergence de la catégorie « chômage de longue durée » rend compte de la prise de conscience de ce phénomène, et témoigne que, petit à petit, « l'image spontanée qu'évoque dans l'opinion les débats sur le chômage devient celle du chômeur de longue durée[10] ». Catégorie statistique mesurant les durées de chômage supérieure à un an, l'expression « chômage de longue durée » passe rapidement dans le langage courant et fait évoluer les représentations socialement constituées du chômage : celui-ci n'est plus nécessairement un état transitoire, même s'il reste un état involontaire. La figure sociale du chômeur se diversifie : il n'est pas forcément sur le point d'obtenir un emploi, même s'il est par définition demandeur d'emploi. Parler de chômage de longue durée, c'est admettre désormais que l'allongement de la privation d'emploi n'est pas imputable aux seules logiques des individus (notamment le refus de travailler ou l'oisiveté) mais résulte surtout de causes structurelles, de déséquilibres du marché du travail à la source de difficultés à obtenir un emploi[11].

L'augmentation relative du nombre des chômeurs durablement repoussés aux marges de l'emploi est d'abord analysée comme la conséquence d'une dégradation générale de la conjoncture économique : que la persistance d'un contexte dépressif favorise l'enlisement d'un nombre croissant de personnes dans le chômage ou la précarité prolongée ne surprend pas. Mais le pendant est la croyance dans les vertus de la reprise économique pour résorber significativement ce phénomène. Or il n'en a rien été, puisque le retour de la croissance économique dans la période 1987-1990, marquée par la création de 250 000 emplois environ par an, n'a pas fait reculer le chômage de longue durée : les anciennetés moyennes passées en chômage ont continué d'augmenter et la part des chômeurs inscrits à l'ANPE depuis plus d'une année (ou de deux ou trois) s'est élargie. Cette résistance du chômage de longue durée conduit rapidement à une transformation des termes dans lesquels la question sociale est formulée : pour la première fois depuis des décennies émergent des doutes sur les chances de retour à l'emploi d'une fraction importante des chômeurs. Ces incertitudes sont d'autant plus tenaces que le lancement à grande échelle de programmes visant à résorber le chômage de longue durée ne produit pas les résultats attendus. La crise des politiques d'insertion alimentent depuis lors ce désarroi social : « On ne sait plus si elles ressortent de la gestion sociale de l'exclusion professionnelle, ou si elles contribuent, au contraire, à l'intégration des chômeurs les plus en difficulté dans le système productif[12]. »

« Nouvelle pauvreté » et « exclusion »

A la déstabilisation du lien entre chômage et emploi s'est ajoutée la dégradation des conditions de vie des chômeurs et ce que l'on a appelé la fragilisation du lien social, la « désaffiliation »[13]. Ainsi, au milieu des années 1980, la pauvreté resurgit sur la scène médiatique, sous le label de « nouvelle pauvreté », qui rappelle que la pauvreté était éliminée (ou plutôt requalifiée en autant de publics catégoriels que de prestations et de droits subsidiaires). Si cette catégorie est un « fourre-tout »[14], du moins elle focalise le regard sur les liens entre pauvreté et chômage. La « nouvelle pauvreté » est une nouvelle signification de la pauvreté. Elle ne désigne pas des situations clairement délimitées, mais porte l'accent sur les mécanismes qui engendrent la paupérisation, au premier rang desquels la perte d'emploi ou l'impossibilité d'en obtenir un.

De fait, la dégradation des conditions d'indemnisation des chômeurs, provoquée notamment par la dégressivité des allocations et le durcissement des conditions d'accès au régime d'assurance chômage, contribue à paupériser les chômeurs de longue durée et les travailleurs les plus fragiles (précaires, jeunes et femmes notamment) [15]. L'augmentation de la sélectivité des règles d'indemnisation des demandeurs d'emploi [16] est en décalage avec le fonctionnement du marché du travail. L'importance du chômage de longue durée, l'extension du chômage récurrent, le développement des missions courtes, ne sont pas pris en compte par les réformes successives du système d'assurance chômage [17], faisant émerger une population non couverte et appréhendée par la dénomination ambiguë de « fin de droit » [18]. Nombre de chômeurs sans ressources deviennent allocataires du Revenu minimum d'insertion, à partir de la mise en place de ce dispositif en 1988. En moins d'une décennie, « le système français de protection du chômage est passé d'un régime unifié d'indemnisation à un système concentrique distinguant, en cercles successifs, l'assurance chômage, l'assistance chômage [...] et l'aide sociale, avec l'instauration du RMI [19]. »

Dans un contexte où la crise de l'emploi n'apparaît plus seulement comme structurelle, mais comme sans issue globale, la question sociale est continûment reformulée. L'émergence de la catégorie « exclusion » est le dernier avatar de ce processus. Si cette catégorie n'est pas construite à partir de la privation d'emploi, mais se fonde plutôt sur le durcissement des conditions de vie des sans-emploi (l'archétype étant le sans-abri, rebaptisé « sans-domicile-fixe »), elle met néanmoins l'accent sur l'articulation entre l'éviction hors de la sphère productive et des systèmes de sécurité dont le bénéfice est subordonné à la détention d'un emploi d'une part, et la rupture des liens sociaux et la déstabilisation des vecteurs de reconnaissance sociale et des modes d'appartenance à la société d'autre part[20].

Moins que l'insertion, qui était directement liée à la question de l'accès à l'emploi, c'est la catégorie « d'intégration » qui est corrélée à celle d'exclusion[21]. Car ce qui est en jeu dans la mauvaise intégration sociale des victimes de l'exclusion, c'est la cohésion de la société dans son ensemble. Autrement dit, parler d'exclusion c'est privilégier l'analyse du système social (au sens durkheimien) sur celle du marché du travail, c'est donner le primat au lien social sur le lien économique, c'est mettre l'accent sur les risques de dislocation du système social plutôt que sur les mécanismes de distribution des emplois. De surcroît, la notion d'exclusion ne renvoie pas à l'antagonisme des groupes sociaux, à la lutte des classes ou à un affrontement pour la reconnaissance sociale, elle renvoie plutôt à « la faiblesse, voire l'absence de revendications organisées et de mouvements susceptibles de renforcer la cohésion identitaire des populations défavorisées[22] ».

De fait, les formulations successives de la question sociale au cours des décennies soixante-dix à quatre-vingt-dix ne font pas émerger les chômeurs comme groupe social en formation, comme acteur collectif. Elles procèdent d'une redéfinition des liens entre chômage d'une part, emploi, pauvreté et intégration sociale d'autre part. Elles attestent de la montée d'une angoisse collective face à une crise de l'emploi qui se durcit, sans qu'une issue globale soit entrevue ni que les mécanismes correcteurs mis en place ne démontrent leur efficacité. Dans le même temps, émerge et grossit une population de chômeurs paupérisés et sans perspective, dont on sait, au vu des enseignements de l'histoire, qu'elle est une condition d'apparition d'une mobilisation collective. Toutefois, le chômage de longue durée, la nouvelle pauvreté et l'exclusion suscitent des mobilisations importantes, même si les chômeurs n'y prennent pas une part active ; ces derniers en sont les cibles ou les destinataires plus que les acteurs.

Le chômeur, absent des mobilisations

Dans un contexte où la gravité du chômage de masse s'impose comme un problème central de la société française, les chômeurs n'accèdent pas au rang d'acteurs sociaux, susceptibles de s'exprimer publiquement, d'être écoutés ou d'être entendus. Absents de toute instance consultative (à l'ANPE ou à l'UNEDIC par exemple), ils font l'objet de contrôles administratifs de plus en plus stricts. La diminution de leurs droits à l'indemnisation est présentée comme une incitation bénéfique à la reprise d'un emploi qui, d'autre part, semble inaccessible. C'est autour de ce sophisme que se développent des interventions multiples en direction des chômeurs, visant tantôt leur retour dans le système productif, tantôt la distribution de secours. Mais quel que soit leur objectif, elles ne favorisent pas leur organisation collective.

Le traitement social du chômage

L'action des institutions préposées au « traitement du chômage » tantôt nie l'individu tantôt le stigmatise : « En rendant personnel ce que la situation a de plus impersonnel et, au contraire, impersonnel ce que le sujet a de plus personnel, les institutions du chômage sont actives. Même à l'insu des agents qui y travaillent, elles accentuent un sentiment d'insignifiance qui envahit et accapare peu à peu l'individu tout entier[23]. »

Les années 1980 et 1990 correspondent à un empilement de dispositifs et de mesures de lutte contre le chômage, qui finissent pas former une nébuleuse difficilement lisible. Cet entassement combine une diversité de modes d'intervention (stages de formation, activités d'utilité sociale, primes à l'embauche, conseils, bilans professionnels...) et une variété de catégories de chômeurs ciblées (chômeurs de longue durée, jeunes sans qualification, chômeurs âgés, bénéficiaires du RMI...) en une course-poursuite sans fin contre la sélectivité du marché du travail[24]. La logique des « publics-cibles » qui préside à la mise en place de la panoplie des mesures des politiques d'emploi, multiplie les « sous-catégories » de chômeurs ou de travailleurs aux statuts précaires. Les TUC, les SIVP, les CES, les RMIstes, les stagiaires... sont autant de catégories qui se substituent à celle de chômeur et désignent ce que la terminologie administrative appelle les « bénéficiaires » de ces dispositifs. Mais ces étiquettes ne constituent pas des statuts sociaux auxquels s'identifier, ni des supports d'une mobilisation collective[25].

Cette politique de lutte contre le chômage extrêmement volontariste[26] s'accompagne du développement d'une ingénierie de l'insertion, de l'orientation, de la formation, du placement, et engendre une croissance des institutions qui accueillent les chômeurs : organismes de formation, agences pour l'emploi, clubs de recherche d'emploi, centres d'évaluation, etc. Ces institutions forment des réseaux qui délimitent des lieux fréquentés par les chômeurs et des espaces par excellence de participation : quel chômeur ne s'est pas tourné vers « son » agence locale de l'emploi pour y trouver des réponses à sa privation d'emploi ? Pourtant les chômeurs y sont constitués comme cibles d'interventions prescrites par les pouvoirs publics et y subissent à ce titre l'épreuve d'un travail social appuyé sur les normes de recherche d'emploi et de mesure de l'employabilité. Toutes ces structures ont leurs règles auxquelles les chômeurs doivent se plier (faire la preuve de sa recherche d'emploi, avouer son incompétence, mériter un secours charitable, accepter un simulacre d'emploi...) et ne favorisent pas la participation active des chômeurs. Ceux-ci y sont soumis à divers contrôles, notamment en matière de recherche d'emploi, et sont enfermés dans une relation duelle et atomisante avec un « conseiller professionnel ».

Le développement des programmes de formation a fait émergé des lieux de regroupement des chômeurs, en particulier des chômeurs de longue durée, cibles privilégiées de cette politique[27] : dans les organismes de formation, les prestations sont collectives et les chômeurs se trouvent insérés dans des groupes de pairs. Mais ces regroupements ne favorisent pas la mobilisation collective, pour de nombreuses raisons : la présence d'un formateur limite la construction d'un entre-soi, le temps de la formation est dédié à l'apprentissage, l'orientation vers les stages est souvent contrainte et référée à des objectifs personnels, d'acquisition de connaissances et de savoir-faire. Tout concourt donc à faire des chômeurs en formation des usagers de stages, assujettis à cette situation. Plus fondamentalement sans doute, la condition de chômeur est oubliée, niée, mise entre parenthèses, le temps du stage, car la préparation à l'emploi et la prospection du marché du travail en sont les mots d'ordre, transformant les individus en travailleurs virtuels, en quasi-travailleurs... tant que dure ce jeu, c'est-à-dire souvent jusqu'à la fin du stage, quand le principe de réalité resurgit brutalement[28].

La formation apparaît ainsi comme un moment où chômeurs et formateurs se font croire, et font croire à l'autre, que le chômage est mis en suspens, que les chômeurs ne sont pas (ne sont plus) chômeurs. Non seulement les chômeurs sont les destinataires de programmes de formation qui sont conçus, mis en œuvre et évalués sans leur participation, mais la formation s'appuie sur une vision déformante et mutilante du chômage qui réduit les chômeurs à des demandeurs d'emploi, qui fait du chômage une tare honteuse et des chômeurs des individus frappés d'infériorité sociale. Les termes « stagiaires » ou « bénéficiaires » qui sont ceux que les professionnels utilisent pour désigner les chômeurs en formation manifestent un travail d'euphémisation du chômage. Au sein des programmes publics de lutte contre le chômage, les chômeurs sont soumis à la tyrannie des normes d'employabilité et de recherche d'emploi, leur situation est individualisée et séparée du sort de l'ensemble des chômeurs, et leur condition de chômeur est déniée.

Des mobilisations pour les chômeurs

A côté de l'action publique, les organismes dit caritatifs représentent une seconde forme importante de mobilisation contre le chômage, plus précisément contre certains effets du chômage puisque leur objectif principal est de distribuer des biens, notamment alimentaires, aux populations paupérisées. Ce type d'intervention s'appuie sur l'engagement volontaire et gracieux de nombreuses personnes qui contribuent au fonctionnement des banques alimentaires, soupes populaires et autres opérations apparentées. Dans ces initiatives, la différence est tranchée entre les bonnes volontés, qui se rangent du côté des distributeurs (et des gestionnaires des stocks de nourriture), et les destinataires, qui sont constituées en victimes de la crise. Ici encore, les termes utilisés sont lourds de sens : les organismes caritatifs utilisent le mot « bénévoles » de préférence à « militants » pour désigner les personnes qui s'engagent dans ces opérations de redistribution, faisant ainsi référence à une action de solidarité en direction des laissés-pour-compte, à un acte de participation aux rapports sociaux[29].

Les organismes caritatifs se font volontiers militants, en particulier pour alerter l'opinion publique et les autorités sur la gravité des processus d'exclusion et de paupérisation. Mais leurs actions en direction des personnes qui sont atteintes par ces processus se fondent sur une relation dissymétrique, les uns donnant et les autres recevant, ce qui limite la participation de ces derniers et ne favorise pas leur constitution en groupe social. Les « Restos du Cœur » sont emblématiques de cette nouvelle philanthropie. Créés en 1985 par Coluche, ils mobilisent rapidement des milliers de bénévoles, obtiennent un large soutien de la classe politique, et bénéficient grâce à la popularité de leur fondateur d'une forte médiatisation. Après le succès suscité par leur première année de fonctionnement, ils ne cessent de s'élargir et s'institutionnalisent[30]. Les « Restos du Cœur » sont exemplaires de la mise en scène de l'urgence sociale et du développement corrélatif d'un « marché du don », car si la rhétorique originelle de ce mouvement oscille entre le discours redistributeur et celui de l'auto-organisation des pauvres, « ce dernier thème s'efface progressivement, d'abord à la suite de la mort de Coluche, puis avec la marginalisation, dans la direction des Restos, de certains de ses proches, comme Jean-Michel Vaguelsy[31] ». Si l'action caritative se différencie des traditionnels services sociaux où le contrôle des usagers précède la prestation, puisque celle-ci n'est délivrée qu'aux seuls ayants droit, elle délimite une mobilisation qui fait appel aux bonnes volontés plutôt qu'aux chômeurs. Plus encore, le chômage est rabattu sur la figure de la pauvreté, de sorte que si des chômeurs bénéficient de cette logique redistributive, c'est en tant que pauvres, « nouveaux pauvres » ou « exclus ».

Le mouvement des associations intermédiaires fournit un autre exemple significatif d'action contre le chômage qui s'appuie sur une mobilisation pour les chômeurs plutôt que sur une mobilisation directe des chômeurs eux-mêmes. Issu d'initiatives locales visant à fournir des contrats de travail ponctuels aux chômeurs de longue durée, ce mouvement s'est doté d'une coordination nationale (COORACE : Comité de coordination nationale d'associations d'aide aux chômeurs par l'emploi, et a acquis une reconnaissance officielle[32]. Son intervention s'apparente à un bureau de placement au service des besoins temporaires des entreprises locales, avec une volonté de lutter contre la sélectivité du marché du travail en privilégiant les chômeurs de longue durée. L'autogestion du placement par les chômeurs est une référence de ce mouvement, et sert à légitimer la revendication d'une représentation institutionnelle des chômeurs. Pour autant, la coupure est nette entre les gestionnaires de ces associations, souvent formées d'anciens chômeurs devenus gestionnaires du social, et les chômeurs qui sont embauchés pour de courtes durées.

Dans sa charte déontologique, élaborée en 1989, le COORACE précise, entre autres, son rôle de « relais entre les exclus et les décideurs » et l'objectif de « veiller sur les moyens de leur donner la parole ». Si un débat interne traverse cet organisme sur « la définition des objectifs : être mouvement social ou gestionnaire de main-d'œuvre[33] », le fonctionnement quotidien des associations intermédiaires les conduit souvent à se transformer en prestataires de services, à l'égard des chômeurs et des employeurs locaux. La participation des chômeurs se réduit à assurer les missions proposées par l'association, et la condition de chômeur est alors rabattue sur celle de demandeur d'emploi, de main-d'œuvre mobilisable.

Le chômage de masse a donc suscité de nombreuses mobilisations sociales et institutionnelles qui tentent de faciliter l'accès à l'emploi ou d'atténuer les conséquences les plus dramatiques d'une privation prolongée d'emploi. A ce titre, elles constituent des amortisseurs de la dégradation des conditions de vie de nombre de chômeurs. Ces réseaux institutionnels apparaissent comme des mobilisations de substitution à l'organisation des chômeurs dans un double sens : ils sont des guichets supplémentaires qui élargissent les offres adressées aux chômeurs, et fonctionnent sur l'euphémisation du chômage parce qu'ils sont appuyés sur des catégories alternatives (demandeur d'emploi, exclu, pauvre...). Dans un tel contexte, ce n'est que très lentement et très discrètement que des formes de résistance et d'expression collective des chômeurs émergent.

Résistances collectives des chômeurs

C'est dans ce contexte social et politique fortement structuré par une multitude d'acteurs publics, associatifs et privés qu'apparaissent les premiers groupements de chômeurs à partir du début des années quatre-vingt. Il faut comprendre quelles sont les particularités des organisations de chômeurs, par rapport aux organisations de défense des salariés (syndicats), aux organisations caritatives (distribution de secours aux plus défavorisés), aux organisations d'insertion (dispositifs publics d'aide par l'emploi), aux organisations de placement (aide à la recherche d'emploi). Quelle est leur place dans l'espace des mobilisations contre le chômage ? Et finalement, qu'est-ce qu'une organisation de chômeurs ?

Répondre à ces questions ne signifie pas céder à la tentation nominaliste en identifiant des traits objectifs qui distinguent les organisations de chômeurs d'autres formes de regroupement, et les définissent comme un tout homogène, une unité substantielle. Il s'agit plutôt d'éclairer le travail social d'émergence d'une forme spécifique d'action collective : les organisations de chômeurs. Ce processus est lent parce que de nombreuses institutions occupent le terrain. Surtout, il est difficile parce que celles-ci délimitent les territoires de la mobilisation autour de la tension entre action orientée vers le retour à l'emploi et réparation de la misère résultant de la privation d'emploi. Les collectifs de chômeurs sont pris dans cette définition normative de la situation, et sont confrontés à la difficulté de construire un objet de l'action collective et un espace d'intervention qui sortent de ce cadre.

Recherche d'emploi et action collective

La recherche d'emploi est au cœur des prescriptions faites aux chômeurs. Activité individuelle, elle est aussi rapidement devenue un motif de regroupement et de coordination. Ceci peut sembler paradoxal, tant la recherche d'un emploi est fondée sur les principes de concurrence entre postulants et de compétition pour des biens raréfiés. Toutefois, ces rivalités se situent à un niveau assez global, mais n'impliquent pas nécessairement des divergences d'intérêts entre chômeurs d'une localité. Au contraire, la coordination peut réduire les coûts d'acquisition de l'information sur le marché du travail, et insérer les personnes dans un réseau social supplémentaire. Se regrouper pour en sortir; cette logique est souvent au cœur des récits de création d'associations de chômeurs. La formation d'un collectif n'est pas seulement argumentée par la rupture de l'isolement, mais aussi par des perspectives d'accès à l'emploi. Le fondateur d'une association raconte :

> On avait fait un appel à tous les chômeurs du village, par affiches et des tracts qu'on a distribués, et on a fait cette réunion qui a débouché sur la décision de faire une association de chômeurs, de demandeurs d'emploi comme on disait à l'époque. Je dis ça, ça remonte à février 1988... J'ai été élu président, et je me rappelle mon discours. Je l'ai encore... J'ai dit : j'espère que très prochainement on pourra se réunir pour annoncer la disparition de l'association. On pensait qu'en se serrant les coudes tout le monde trouve du travail [34].

Ailleurs, un chômeur retrace l'état d'esprit régnant au démarrage de l'association dont il est membre :

> Tout ça a changé avec le temps. Au début, oui, je peux dire au début, vu que je suis arrivé quand l'association était toute jeune, on faisait surtout des réunions pour notre recherche d'emploi. Se retrouver oui, mais on avait les illusions qu'on pouvait tous se recaser.

Dans nombre de cas, le retour à l'emploi est au cœur de la solidarité entre chômeurs ; cette solidarité est au service de la sortie de la condition de chômeur.

Ce que l'on peut appeler des groupes de recherche d'emploi fonctionnent sur le principe de l'entraide mutuelle dans la prospection du marché du travail, chacun apportant ses propres expériences et compétences. Le travail sur le *curriculum vitae* des adhérents ou sur la rédaction de lettres de motivation, les simulations d'entretiens d'embauche, la visite d'entreprises avec présentation des candidatures de tous les adhérents, l'organisation de séances de prospection téléphonique, la constitution d'un réseau des anciens fonctionnant comme un carnet d'adresses... sont des activités habituelles de ces groupes.

Ces activités sont, par leur nature, assez proches des services, privés ou publics, marchands ou non, dispensés en direction des chômeurs : clubs de recherche d'emploi de l'ANPE, sessions de recherche d'emploi, ateliers de recherche active d'emploi... Mais les analogies entre ce répertoire d'action collective des chômeurs (la recherche d'emploi) d'une part, et des traitements sociaux, des interventions ciblées sur les chômeurs d'autre part, n'effacent pas une différence évidente : dans un cas, les chômeurs sont porteurs de l'initiative, dans l'autre cas, ils en sont les destinataires. Se constituer comme acteurs ou être constitués comme cibles, la différence n'est pas mince. A la prestation délivrée à un assujetti se substitue une réciprocité entre pairs. Dans les groupes de recherche d'emploi, chacun collabore à la recherche d'emploi collective et acquiert des compétences qui lui permettent d'aider les autres. Ces actions collectives forment ainsi des circuits d'échanges qui fonctionnent sur les principes de contribution-rétribution, de don-contre don. De la sorte, chacun est investi d'une valeur dans l'échange, chacun participe à la circulation de services (paroles, ressources), occupe un rôle dans le groupe, acquiert une utilité sociale. Ces pratiques collectives désignent, en creux, des aspects négligés de la crise de l'emploi : la désintégration des réseaux sociaux, la déstructuration des identités construites autour d'un emploi manquant, l'isolement social. Elles produisent du lien social là où il est anéanti, tissent des réseaux là ils n'existent plus, fabriquent du social quand l'économie l'a détruit. Elles représentent des capacités de résistance, elles témoignent de valeurs d'entraide et de solidarité.

Le sens de ces initiatives collectives est, par la mise en commun des compétences des adhérents, d'augmenter les chances, pour chacun, de s'en sortir, d'échapper à la condition de chômeur. Par leur finalité, les groupes de recherche d'emploi s'appuient sur la figure, officielle et légale, du demandeur d'emploi. Ils sont des stimulants à la recherche d'emploi, constitutive de la codification du chômage. Ils regroupent des chômeurs qui croient aux possibilités de décrocher un emploi, qui définissent leur situation comme l'anticipation d'un emploi. Un animateur d'un de ces collectifs, organisé sous forme associative, explicite cette logique :

> Notre association est ouverte à tout le monde. Nous n'avons pas la volonté de jeter personne. Mais l'expérience montre que ceux qui ne sont pas assez motivés ne restent pas. Ils viennent une fois ou deux, et puis ils n'arrivent pas à réaliser leurs objectifs. Ça s'écrème tout seul comme ça. On ne vient pas à l'association pour tailler une bavette. On vient parce qu'on veut décrocher la timbale. C'est ça le principe, ça marche avec des consultants motivés, pas des personnes qui se vivent comme des chômeurs. Non, ils ne s'intègrent pas. De toute façon ils ne sont pas à leur place, on ne fait pas de l'assistanat ici.

Les collectifs qui sont orientés de manière principale ou exclusive vers la recherche d'emploi se forment en dehors du chômage, en opposition à cette définition de la situation des adhérents. C'est du moins ce que suggère une attention soutenue aux processus de nomination à l'œuvre dans ces activités. En effet, les intitulés de ces associations font référence à l'emploi et non au chômage, et recourent à un vocabulaire qui euphémise les situations en désignant des statuts non inférioresés, tels que « cadres » ou « jeunes diplômés » qui effacent le chômage : « Cap sur l'emploi », « Emploi mode d'emploi », « Groupement de recherche d'emploi », « Cadres associés partenaires des entreprises », « Collectif des jeunes diplômés »...

L'appellation que l'on s'y donne et que l'on revendique à l'égard d'autrui procède d'une dissimulation du chômage. Les termes « chômage » et « chômeur » sont bannis du vocabulaire pour leur connotation jugée « péjorative ». L'alternative « demandeur d'emploi » est également rejetée, au motif qu'elle évoque la passivité. Ce sont les termes « recherche d'emploi » et « chercheur d'emploi » qui sont préférés, et certains adhérents optent même pour « offreur de service » (sous-entendu : aux entreprises), arguant qu'il met en valeur celui qui est à la recherche d'un emploi :

> Je pense que les mots ont leur importance. Si tu te dis que tu es chômeur, tu te mets dans une position difficile. Tu dois montrer que tu es dynamique, sinon comment tu peux trouver du travail ? Même demandeur d'emploi, comme ils disent à l'ANPE. On ne demande rien, on a des

compétences et on les propose aux entreprises. C'est notre attitude qui est d'aller de l'avant, de proposer nos services. Si tu veux convaincre, offreur de services, là oui, tu montres une image positive. Et c'est pas une question même d'image, c'est dans ta tête, si tu ne te vis pas comme ça, c'est pas la peine de continuer, tu attends le RMI. C'est ce qu'on va penser de toi, et toi-même tu te fais piéger.

La revendication identitaire s'exprime ici de manière particulièrement forte dans les noms que l'on se donne[35].

L'action des groupes de recherche d'emploi est exclusivement tournée vers les adhérents et vise à leur permettre de sortir individuellement de la condition de chômeur. Les seules revendications et demandes qui sont adressées aux autorités visent à obtenir les moyens, notamment matériels, d'être plus performants dans l'intervention de socialisation de la recherche d'emploi. Ces entreprises collectives ne se définissent pas comme des organisations de chômeurs ; elles manifestent un rejet de cette identité. La condition de chômeur n'est pas un support de l'action collective ; celle-ci est une négation de celle-là. Les objectifs du regroupement sont strictement individuels : échapper à une condition infamante est non seulement la priorité, mais encore l'unique raison d'être de ces collectifs. Pour toutes ces raisons, ces initiatives collectives ne peuvent être considérées comme des organisations de chômeurs, ce qui n'efface pas le fait que la recherche d'emploi est une composante, parmi nombre d'autres, des activités de certains collectifs de chômeurs.

Survie et action collective

Parallèlement aux groupes de recherche d'emploi, d'autres collectifs de chômeurs sont apparus au cours des années 1980, qui se situent à l'opposé du spectre des mobilisations autour de la cause du chômage. Ils ne sont plus orientés vers la recherche d'un emploi mais vers la résistance aux conséquences négatives de la privation d'emploi. A leur origine, ces regroupements s'organisent souvent sur la base d'appartenances à des collectifs de travail disloqués par des licenciements collectifs. Ils représentent la réaction de licenciés économiques à l'isolement provoqué par la perte d'emploi et visent à reconstituer des collectifs pour éviter l'enfermement dans le chômage. Un fondateur d'une association créée en 1985 raconte :

> Après la fermeture de l'usine, on a continué à se voir à quatre collègues. On échangeait nos informations. C'était pas la joie, vu qu'on ne retrouvait pas de travail. Mais ça nous faisait du bien de pouvoir en parler entre nous. On se sentait moins seul. Je vais dire qu'on évacuait un peu la culpabilité qu'on avait en nous d'être chômeur [...]. De fil en aiguille, on a décidé de créer une association avec l'idée que d'autres chômeurs comme nous pouvaient nous rejoindre. On n'avait pas de projet bien arrêté.

Cette mise en commun de l'expérience douloureuse du chômage fait alors apparaître le besoin d'intervenir pour réparer certaines conséquences du chômage, car dès lors que de telles associations ont pignon sur rue, elles drainent des demandes d'aide de la part de chômeurs qui ne parviennent plus à faire face aux difficultés auxquelles ils sont confrontés : manque d'argent pour vivre, problèmes administratifs inextricables... Sous la pression de ces demandes, des activités sont organisées pour distribuer des aides : montage de banques alimentaires, analyse de dossiers d'indemnisation, par exemple. Progressivement, ces collectifs interviennent dans un registre qui est ordinairement dévolu au secteur caritatif. Ils se font connaître des services sociaux locaux ou des antennes ASSEDIC avec lesquels ils cherchent à résoudre des problèmes individuels. L'association est alors poussée à prendre en charge les cas qui échappent au fonctionnement habituel des institutions sociales, et celles-ci tendent à constituer l'association comme un dernier guichet de travail social.

Ces évolutions tendent à enfermer l'action collective des chômeurs dans une intervention de réparation des conséquences les plus dramatiques du chômage et à la limiter à un traitement de cas individuels. La perception par les promoteurs de l'action collective de tels glissements les a conduit, dans nombre de cas, à renouveler leurs modes d'intervention : quand l'action collective paraît s'enferrer dans une impasse et que les chômeurs semblent condamnés et enfermés dans le chômage, un autre registre d'action surgit, plus revendicatif. En se coordonnant, les initiatives locales tentent alors de résister à cette dérive. Un exemple significatif en est fourni par une quarantaine d'organisations locales de chômeurs du Nord-Pas-de-Calais, qui ont produit une définition d'elles-mêmes formulée dans une « charte régionale des associations de sans-emploi, chômeurs et précaires ». Elles y insistent sur leur singularité par rapport à de nombreuses interventions auprès des chômeurs et aux initiatives conduites au nom des chômeurs :

> Les associations de chômeurs entendent rompre avec les logiques qui définissent les chômeurs comme des objets de soins et non comme des acteurs : logiques d'assistanat qui constituent les chômeurs comme des cas à encadrer et à contrôler, logiques administratives qui constituent les chômeurs comme des problèmes à traiter en fonction de règlements bureaucratiques, logiques caritatives qui constituent les chômeurs comme des malheureux à secourir et à protéger [36].

Elles opposent les associations pour les chômeurs aux associations de chômeurs, et déplacent ainsi la position assignée aux chômeurs : jusqu'alors cibles des actions d'autrui, ils prennent des initiatives orientées vers autrui :

> Les associations s'engagent à donner une place prépondérante aux chômeurs, précaires et sans-emploi, [à ce qu'ils] prennent une part active dans l'animation, la communication et le fonctionnement de l'association comme dans le lancement et la réalisation des activités mises en œuvre par chaque association [37].

Les organisations de chômeurs requièrent donc l'engagement direct des chômeurs. D'une certaine façon, elles l'autorisent, contrairement aux autres mobilisations envisagées plus haut, qui ne s'appuient jamais sur la condition de chômeur, mais reposent sur des formes euphémisées ou réductrices (stagiaire, pauvre, demandeur d'emploi...).

Plus jamais seul, isolé, honteux : tel est le principe de base de ces actions immédiates qui visent à répondre aux situations d'urgence rencontrées par les chômeurs dans leur vie quotidienne, et qui ont une place centrale dans les activités ordinaires de ces associations. Les pratiques collectives des chômeurs sont d'abord orientées vers eux-mêmes. Ce sont des tentatives pour lutter contre une condition invivable, sur un plan matériel, mais aussi social et psychologique. C'est dans l'entre-soi que l'expérience du chômage peut être verbalisée, parce qu'elle est déjà partagée. Cette solidarité de proximité comprend des risques d'enfermement, de redoublement de l'exclusion. Pourtant, ce militantisme, fondé sur des groupements locaux et producteur d'un « nous communautaire »[38], apparaît bien comme un mécanisme incontournable de la mobilisation des chômeurs. En ce sens, toute organisation de chômeurs représente une subversion de l'aliénation individuelle qui découle de la privation d'emploi, parce qu'elle suppose une exposition de la personne : les expériences individuelles douloureuses s'y expriment au sein d'un groupe constitué sur le partage de ces expériences. Cette communauté de destin permet d'exhiber ostensiblement un discrédit qui, par cette expression, devient une expérience collective.

L'organisation collective est donc une rupture avec l'individualisation de la charge du chômage (à chacun d'en supporter le poids pour lui-même) et de la peine qui l'accompagne (à chacun d'en souffrir pour ce qui le concerne). Tout collectif de chômeurs est le lieu de l'appropriation du stigmate, prélude à son exposition publique par laquelle il est transformé en cause commune[39]. L'action collective des chômeurs est donc subversive, puisqu'elle procède par effacement du discrédit.

Ce retournement est au cœur de la relation à l'autre, de l'expression publique des chômeurs. En ce sens, tout groupe de chômeurs qui se revendiquent comme tels est conduit à orienter son action, en tout ou en partie, vers des instances extérieures au groupe : l'opinion publique que l'on alerte sur la situation des chômeurs, les autorités auxquelles on tente d'arracher d'autres réponses à propos du chômage. On touche là la seconde spécificité des organisations de chômeurs : elles sont des mobilisations collectives qui poursuivent des buts collectifs, qui cherchent à constituer les chômeurs comme groupe social, comme composante de la société, reconnue comme telle. Or la figure du demandeur d'emploi ne peut suffire à produire une identité collective parce qu'elle est une figure hétéronome : définie de l'extérieur et correspondant à la mise en forme officielle du chômeur, elle projette les chômeurs dans la concurrence pour les emplois, individualise et atomise.

Conclusion : s'afficher chômeur

L'apparition et le développement de formes de regroupement de chômeurs au cours des années 1970-1980 n'est pas une particularité française. En

Europe, l'extension du chômage, le durcissement des conditions d'accès à l'emploi, la dégradation des régimes d'indemnisation, le rejet vers les dispositifs d'assistance, tous processus qui ont connu des rythmes variables selon les pays, se sont accompagnés de mobilisations collectives de chômeurs. Partout, l'urgence est un levier structurant de l'organisation des chômeurs : l'action collective est toujours orientée vers l'entraide, l'amélioration des conditions de vie, et l'affirmation du droit à l'emploi.

Selon les pays, ces mobilisations prennent des formes très différentes, en lien avec la variété des contextes nationaux : inégal développement des institutions publiques et des initiatives privées de traitement du chômage, diversité des stratégies syndicales à l'égard des chômeurs, spécificité des mécanismes de solidarité, formelle et informelle. En Grande-Bretagne, le mouvement syndical (Trade Union Congress) est à l'origine, au début des années 1980, de la création de centres d'aides aux chômeurs, qui se développent rapidement autour d'une offre de services très diversifiée (conseil juridique, aide psychologique, formation, crèche, pub, activités sportives...) [40]. Sur un modèle assez proche, des maisons de chômeurs se sont multipliées en Irlande, sous l'impulsion de l'Irish National Organisation of Unemployed et avec l'appui des syndicats. Reconnue par les pouvoirs publics, cette organisation participe à de nombreuses commissions officielles, et elle est parfois accusée de se faire l'instrument « d'un traitement social du chômage [41] ». Dans la ville de Naples (sud de l'Italie), un mouvement de « chômeurs organisés » s'est structuré au début des années 1970, et, de phases d'expansion en phases de reflux, est encore actif aujourd'hui. Exigeant une amélioration immédiate des conditions de vie des chômeurs, il est devenu une force contestatrice des pouvoirs clientélistes locaux et de ses modes de distribution des emplois stables et garantis (*posto*) dans le secteur public. La progression très rapide du chômage dans la partie orientale de l'Allemagne après la réunification a débouché sur la création d'un vaste réseau d'entraide[42]. Mais dès les années 1980, des associations locales de chômeurs, qui avaient des relations plus ou moins étroites avec différentes églises ou avec les pouvoirs publics locaux, ont émergé en Allemagne occidentale. Dans tous les cas, ces organisations, structurées sur le plan local, sont des lieux d'entraide, mais aussi de socialisation pour les chômeurs. En France, une quinzaine d'années après la création des premières associations de chômeurs, celles-ci demeurent minoritaires parmi l'ensemble des associations « au service des chômeurs », mais elles acquièrent peu à peu une visibilité et une reconnaissance sociales[43].

Il apparaît clairement que ces organisations se différencient d'autres formes de mobilisations en direction des chômeurs par plusieurs caractéristiques : elles s'établissent sur une participation directe des chômeurs qui construisent l'initiative collective et la contrôlent, et elles promeuvent la condition de chômeur comme support de l'action collective, sinon d'une identité collective.

Si l'organisation des chômeurs est si faible, en référence au nombre des chômeurs, c'est parce qu'elle est confrontée à un paradoxe tellement fort qu'il ressemble à une impasse : la mobilisation personnelle de ces derniers n'est possible qu'en opposition avec leur condition, mais la mobilisation collective n'est possible que par l'affirmation de leur résistance, de leur identité. Cela explique que ces organisations sont prises entre l'entraide et la revendication, les tentatives pour améliorer immédiatement les conditions de vie des chômeurs et les tentatives de transformation plus globale de la société. Il faut donc examiner comment chaque organisation tente de se situer dans cette polarité, qui n'est pas une contradiction mais une tension indépassable. Il faut donc explorer autour de quelles revendications et de quelles identités collectives ces organisations se construisent.

IV

Les organisations de chômeurs

« On a prouvé à l'Etat que les chômeurs étaient capables de s'organiser, que les chômeurs étaient capables de dialoguer, de produire justement. Eux, ils croyaient qu'on était des assistés, des précaires, qu'on baissait les yeux, on baissait la tête. On est au chômage, on est RMIstes, on est bons à rien, on est des bourricots. Ils ont été surpris qu'il y avait des chômeurs qui arrivaient à construire, à faire des bouquins, à sortir de la misère, à dialoguer avec les politiciens et souvent mieux qu'eux. »

(Francis, chômeur, militant d'un comité CGT des Bouches-du-Rhône, avril 1998.)

De fortes incertitudes persistent sur ce qu'il faut entendre par action organisée de chômeurs. Certes, quelques traits saillants caractérisent la spécificité de ce type d'action collective : une participation directe de chômeurs, une orientation de l'action qui n'est pas seulement tournée vers le groupe et la distribution de services aux adhérents mais aussi vers des autorités face auxquelles le groupe s'affirme, formule des revendications, instaure un rapport de force[1]. Reste que la production d'une définition de l'action collective des chômeurs renvoie à des enjeux sociaux particulièrement aigus, notamment parce que cette mobilisation n'a pas débouché sur un système institué de représentation des chômeurs, et parce qu'elle n'a pas de continuité historique mais s'exprime de manière sporadique, quand le chômage atteint un niveau élevé. La coalition des chômeurs et leur rassemblement dans des organisations ne sont pas inscrits dans les rouages de la société française contemporaine, comme c'est le cas pour les salariés par exemple.

L'identification d'organisations de chômeurs dépend de l'ampleur de la mobilisation de cette catégorie sociale ; et le fait est que des mouvements de masse ne se sont pas imposés. Les manifestations et occupations de l'hiver 1997-1998 ont toutefois montré que certains chômeurs sortaient de leur isolement et que les collectifs qu'ils formaient outrepassaient les actions locales d'entraide pour investir l'espace public. Ces actions ont confirmé que les chômeurs n'étaient pas irrémédiablement condamnés à l'atomisation, que tous n'étaient pas enfermés dans la recherche d'emploi ou annihilés par des processus d'exclusion. Les chômeurs mobilisés et organisés existent. Certains se sont formés en associations ou collectifs, qui sont, pour un bon nombre d'entre eux, regroupés et coordonnés au sein d'organisations et de fédérations nationales :

Agir ensemble contre le chômage (AC!), Association pour l'emploi, l'information et la solidarité (APEIS), Mouvement national des chômeurs et précaires (MNCP), comités des privés d'emploi CGT.
Loin de former une force homogène et monolithique, les organisations de chômeurs sont porteuses de dynamiques collectives et organisationnelles variées. Leurs relations avec les organisations syndicales comme leurs engagements dans les mouvements de protestation sont divers. Si l'histoire des organisations contemporaines de chômeurs est courte, elle est faite de strates successives, d'une superposition d'initiatives spécifiques, d'un mélange de sensibilités différentes, voire concurrentes. Chaque organisation émerge et se développe dans des conditions singulières, s'inscrit dans une perspective originale, poursuit des enjeux et des objectifs propres. Pour comprendre les lignes de forces de cette galaxie, nous analyserons successivement les comités de chômeurs de la CGT, le Syndicat des chômeurs, le MNCP, l'APEIS, le collectif AC!.

Les comités de chômeurs de la CGT

Lorsque, vers la fin des années 1970, la CGT commence à constituer un réseau de comités de chômeurs, la Jeunesse ouvrière chrétienne (JOC) est la seule organisation qui mène une action continue en direction des chômeurs; les autres confédérations syndicales ne se sont pas engagées dans une telle initiative. Pour Henri Damette, premier responsable du « Comité national CGT de défense des chômeurs », « l'objectif était de prendre part à la lutte contre l'isolement et le rejet dont étaient victimes les chômeurs, d'essayer de ne pas perdre des anciens militants licenciés ou d'en acquérir des nouveaux et, de façon plus globale, d'impulser un syndicalisme plus ouvert[2]. » Mais le démarrage est lent et la tâche est rude pour les militants qui créent des comités départementaux et locaux. Lorsqu'en 1983 se tient à Montreuil le premier congrès, on compte 120 comités, mais le nombre de militants mobilisés est encore très limité et les membres cotisants dépassent à peine le chiffre de 2 500. Cette situation perdure tout au long des années 1980.

La difficile solidarité avec les licenciés

Pour la CGT, les comités des chômeurs ont pour objectif de favoriser les rencontres entre travailleurs occupés et salariés privés d'emploi et éviter la marginalisation et l'isolement qui menacent les chômeurs : « La présence régulière de la CGT auprès des chômeurs, même si elle conduit simplement à éviter l'isolement, est bénéfique[3] ». Les Unions locales sont alors perçues comme « les lieux privilégiés d'une solidarité interprofessionnelle et de classe » où les chômeurs devraient trouver leur place.

Cette solidarité entre actifs et chômeurs se révèle difficile à concrétiser dès lors que les salariés licenciés ont définitivement quitté l'usine. Le contact avec les chômeurs exige une présence régulière à l'extérieur des lieux d'implantation classique du syndicat (les Agences pour l'emploi, les ASSEDIC, les mairies) : « Un chômeur est quelqu'un qu'on connaît mal, ce n'est pas ou ce n'est plus un cotisant et pour nouer le contact avec lui, cela demande beaucoup de temps et d'énergie[4]. » Pourtant, pour le syndicat, « les chômeurs sont des salariés comme les autres, à la différence près qu'ils sont momentanément privés d'emploi[5]. » Tout en leur reconnaissant une certaine spécificité, qui se traduit par l'existence de structures autonomes, l'objectif affiché par le syndicat est de faire converger salariés et chômeurs vers des revendications communes. La revalorisation du SMIC, l'indemnisation pour tous les chômeurs, l'avancement de l'âge de la retraite, l'arrêt des licenciements et de la précarisation de l'emploi, la réduction du temps de travail, le remplacement systématique des départs en retraite par des embauches, sont autant de mots d'ordre qui visent à impulser une action unitaire autour d'un objectif commun : l'accès de tous à l'emploi.

Mais les menaces récurrentes qui pèsent sur les emplois acculent les syndicats à une stratégie défensive qui prend peu en compte les situations concrètes des chômeurs. D'autre part, quels arguments avancer pour convaincre des salariés licenciés de continuer à se battre collectivement contre le chômage, alors que le syndicat ne parvient pas à arrêter l'hémorragie d'emplois, y compris dans les entreprises publiques ? L'érosion et la division du mouvement syndical renforcent les difficultés que la CGT rencontre pour organiser les chômeurs.

Dans un contexte de progression du chômage, l'emploi apparaît comme un objectif de plus en plus difficile à atteindre. Quant aux chances d'un retour au plein emploi, elles semblent de plus en plus compromises ou hypothétiques. La situation de chômage fait émerger, d'autant plus qu'elle devient durable, d'autres demandes liées à la dégradation du niveau et des conditions de vie. Ainsi, en 1984, quand les comités dénoncent la réforme de l'indemnisation du chômage, ils placent au centre de leurs revendications l'utilisation des fonds sociaux des ASSEDIC, la gratuité des transports, la couverture sociale des chômeurs non indemnisés. Cependant, dans la plupart des cas, ces premiers comités ne représentent que des structures formelles peu fréquentées par les chômeurs : le nombre d'adhérents n'enregistre pas de progression significative jusqu'au début des années 1990[6]. Au cours des années quatre-vingt, la création de comités de chômeurs répond surtout au souci, pour la CGT, de « se donner bonne conscience »[7], mais les moyens mobilisés restent modestes.

Parmi les raisons de la faible implantation du syndicalisme ouvrier chez les chômeurs, il faut aussi évoquer les débats qui traversent le parti communiste et les enjeux électoraux de l'époque. Ainsi, il semble bien, d'après le témoignage d'Henri Damette[8], que la décision de créer une association revendicative des sans-emploi soutenue par le parti (APEIS) est prise dès le milieu des années quatre-vingt et qu'elle entraîne, pour un temps, la mise en sourdine de l'action de la CGT dans ce domaine, du moins dans la région parisienne. Les modestes résultats de plusieurs années de tentatives répétées de mobilisation des chômeurs ont dû également influer sur ce choix.

Néanmoins, si au niveau national l'organisation syndicale des chômeurs demeure peu significative, il n'en est pas de même sur le plan local où, à partir de la fin des années quatre-vingt, des expériences nouvelles se mettent en place. Leur développement, notamment dans les Bouches-du-Rhône, ainsi que la plus grande visibilité d'associations de chômeurs qui s'engagent dans des actions plus spectaculaires (marches ou manifestations, occupations de lieux publics, d'ASSEDIC ou d'entreprises) provoquent un regain d'intérêt de la confédération à l'égard de la mobilisation des chômeurs.

En 1994, le secrétaire général de la CGT, Louis Viannet, participe pour la première fois à la Conférence nationale des salariés privés d'emploi. Il y salue les progrès des comités de chômeurs et souligne la nécessité d'articuler la lutte pour la défense des intérêts immédiats et la lutte pour l'emploi, les revendications des chômeurs et celles des actifs occupés. Une plate-forme revendicative nationale est définie, autour des « dix droits »[9] : l'emploi, les moyens de vivre, le logement, la formation, la santé, les transports, la famille, la culture, le droit aux vacances, le droit à la dignité et à la citoyenneté.

En 1997, la CGT-chômeurs compte officiellement 500 comités et 7 700 adhérents très inégalement repartis dans les départements. Le gros des troupes se trouve dans les Bouches-du-Rhône où on dénombre, à l'époque, 1 400 adhérents environ [10]. Dans le Nord, deuxième département pour le nombre d'adhérents, ils sont un peu moins de la moitié. Mais ces chiffres ne donnent qu'une idée très approximative de l'impact local des comités de chômeurs CGT. Selon les zones, ils peuvent toucher une population de chômeurs et de travailleurs à statut précaire qui dépasse largement le nombre des adhérents. Les adhésions progressent après les luttes de décembre 1997 et de janvier 1998, et avoisinent la dizaine de mille.

« L'invisibilité du mouvement » et la « faiblesse du syndicat » incitent au développement de « la coopération avec les associations de chômeurs ». Aussi Louis Viannet souligne-t-il, lors de la Ve conférence nationale des salariés privés d'emploi, tenue en juin 1997, l'existence « d'intérêts communs » et la nécessité d'unir « toutes les forces qui arrivent à mobiliser les privés d'emploi ». Malgré ce discours unitaire, les représentants des organisations de chômeurs ou de lutte contre le chômage, notamment AC! et l'APEIS, invités à la conférence, rencontrent un accueil plutôt froid et méfiant de la part des délégués des comités CGT. Le syndicat se veut le seul intermédiaire apte à garantir l'unité entre « les salariés occupés et les privés d'emploi », et, pour un bon nombre de militants, les associations sont souvent assimilées à des œuvres caritatives ou à des concurrents déloyaux. Le document d'orientation de la Ve conférence préconise d'ailleurs de réserver la représentation des chômeurs exclusivement « aux organisations syndicales représentatives nationalement et ayant le droit de siéger dans toutes les instances où se discutent les droits des privés d'emploi[11] ». Néanmoins, sur le terrain, les relations avec les associations de chômeurs varient selon la tradition syndicale locale, l'implantation et le poids respectifs des différentes organisations de chômeurs en présence.

De la bataille de La Ciotat aux comités des Bouches-du-Rhône

L'émergence et la pérennisation des comités de chômeurs CGT dans la région marseillaise s'inscrivent dans un territoire où se concentrent un taux de chômage très élevé (17,3 %)[12], un important chômage de longue durée (42 % des DEFM à la fin de 1998), un grand nombre de ménages vivant du RMI[13]. Toutefois, la CGT est fortement implantée dans l'ancien tissu industriel (activités portuaires, chantiers navals, mines) qui a été laminé durant les deux dernières décennies.

Dans les Bouches-du-Rhône, la première initiative est lancée en octobre 1989, avec la création d'un comité de chômeurs à La Ciotat qui expérimente, de manière isolée, des formes de luttes inédites pour le syndicat[14]. Un an auparavant, une première tentative de création d'un comité de chômeurs à l'initiative de l'Union départementale

CGT avait échoué dans les quartiers nord de Marseille. A La Ciotat, la CGT se mobilise depuis plusieurs années contre la fermeture définitive des chantiers de construction et de réparation navales. Le non-respect d'un accord signé par les représentants des pouvoirs publics nationaux et locaux, qui porte entre autres sur la création de plusieurs milliers d'emplois sur la commune, aussi bien que des promesses électorales du nouveau maire de La Ciotat[15], sont à l'origine d'une nouvelle phase de la lutte.

Le comité des chômeurs de La Ciotat est lancé par « trois copains », militants syndicaux au chômage, qui ont vu les collectifs de travail, puis de lutte, éclater progressivement. Leur objectif est de sortir des chantiers pour impliquer l'ensemble de la ville, toucher les chômeurs sur leurs lieux de vie, dans leurs quartiers. Le mot d'ordre du premier tract diffusé dans les cités, « Le chômage ça suffit ! », donne le ton d'une entreprise qui entend élargir la lutte. Si le noyau dur du comité est formé d'anciens ouvriers du chantier et de militants syndicaux, ceux-ci sont rapidement rejoints par d'autres chômeurs. Un rassemblement hebdomadaire à l'hôtel de ville entraîne en quelques semaines des centaines de chômeurs dans le comité.

Le point culminant de cette expérience est l'organisation en 1991 d'une marche de chômeurs de La Ciotat à Paris. En dépit du faible effet médiatique qu'elle obtient sur le plan national, elle devient une référence pour les futurs comités du département. La réouverture du chantier naval, toujours occupé par une centaine d'ouvriers, est au centre des revendications des chômeurs, car le chantier représente l'emploi, première revendication des comités CGT. Mais d'autres objectifs et mots d'ordre émergent au cours de la mobilisation. Les conditions de vie des chômeurs, les problèmes quotidiens de logement, d'endettement, de santé, de transport, de ressources confrontent les militants syndicaux à l'urgence sociale : « Droits sociaux des chômeurs, droits au travail, ce sont les deux piliers inséparables de notre action, car quand le droit au travail n'est plus respecté, c'est tous les autres droits qui sont attaqués : droit au logement, droit à la Sécu, aux transports, aux loisirs jusqu'à en arriver à cette notion infamante de "fin de droits"[16]. »

Ainsi le relogement de familles expulsées, l'exonération ou l'échelonnement du paiement de taxes locales exorbitantes pour les chômeurs, le rétablissement d'indemnités irrégulièrement supprimées ou la revendication d'aides d'urgence distribuées avec trop de parcimonie par les institutions qui les gèrent, deviennent autant d'objectifs de mobilisation. Ils débouchent souvent sur des « victoires » concrètes, ce qui renforce la structuration collective.

En 1990, La Ciotat compte huit comités de base organisés par quartier, regroupant chacun plusieurs dizaines d'adhérents. Ces comités fonctionnent sur le modèle des « cellules d'entreprise », et sont rattachés à l'Union locale CGT. L'organisation est calquée sur celle du syndicat. Lorsqu'en 1993, l'Union départementale CGT décide d'élargir les comités de chômeurs à l'ensemble du département, l'expérience du comité de La Ciotat est prise en exemple. Charles Hoareau, ex-ébéniste et formateur licencié pour raison économique, militant communiste et cégétiste, initiateur de « l'aventure » ciotadienne, est chargé d'exporter les acquis de La Ciotat. Il commence par les quartiers nord de Marseille où se concentrent les taux de chômage les plus élevés du département (plus de 30 % dans les XVe et XVIe arrondissements et entre 50 à 80 % dans certaines cités).

L'organisation départementale est créée en janvier 1994, après la première mobilisation pour la « prime de Noël » à Marseille. Le noyau du futur comité des chômeurs CGT des quartiers nord est en partie constitué des membres d'un « comité de lutte pour le droit à l'emploi » lié au parti communiste. Selon une ancienne militante de ce comité, la rencontre avec les protagonistes des batailles de La Ciotat transforme ce comité « bien gentil » qui aidait les chômeurs dans leurs démarches auprès des employeurs, en un comité revendicatif, « fonceur », animé par un véritable « esprit de lutte » :

> D'agir, ça m'a plu. On ne dormait pas, on agissait. Et puis le mot « CGT » ça m'accrochait vraiment... J'ai toujours estimé qu'un salarié se faisait représenter par un syndicat et je ne vois pas pourquoi les chômeurs ne se feraient pas représenter, eux aussi par un syndicat[17].

Tout comme à La Ciotat, les nouveaux comités s'implantent grâce à un important travail de terrain : le porte-à-porte, l'appui sur les centres sociaux de quartier, les maisons de la jeunesse et de la culture, les maisons du peuple ou les foyers SONACOTRA, l'implication de chômeurs-résidents dans les cités et qui ont la confiance de leurs habitants donnent aux comités un ancrage local solide. L'importance accordée aux problèmes quotidiens des chômeurs, à l'aide immédiate, à la défense de leurs « droits » attire de nombreuses personnes qui découvrent pour la première fois le syndicat.

Revendications immédiates et lutte pour l'emploi.

Alors qu'à La Ciotat, la lutte est au départ axée sur l'emploi et la réouverture des chantiers navals, dans les quartiers nord de Marseille, pour les femmes, les immigrés et les jeunes qui, les premiers, rejoignent les comités, l'urgence sociale est le moteur de la mobilisation. Certes, la construction, au début des années 1990, d'un gigantesque centre commercial (140 000 m^2 de surface de vente) à proximité des quartiers nord oriente les premières mobilisations vers l'emploi. Mais ces actions s'épuisent rapidement, face au nombre limité d'emplois, souvent précaires, créés par cet hypermarché[18], même si, sous la pression des associations de quartier et du comité des chômeurs CGT, la moitié bénéficie aux habitants de ces cités.

Les comités locaux acquièrent visibilité et crédibilité en menant des actions au plus près des problèmes quotidiens des chômeurs. Le premier contact avec le comité des chômeurs CGT est souvent dû à la recherche d'une solution urgente à un problème personnel : une note d'électricité ou des redevances télé que l'on ne peut pas payer, une menace d'expulsion ou de saisie, l'épuisement de toutes les ressources. Rares sont ceux qui connaissaient déjà la CGT par leur ancien emploi, et la découverte du comité est souvent due à son travail de proximité : une conversation avec un voisin qui en a entendu parler, une rencontre avec une amie qui a déjà obtenu « l'aide de la CGT », la diffusion d'un tract devant l'ANPE, la visite d'un militant qui arpente les escaliers de la cité, une manifestation dans le quartier, la permanence tenue dans le centre social où on a déjà sollicité une aide qui tarde à venir, etc., sont autant d'occasions de rencontre avec les comités CGT.

Lorsqu'on en franchit la porte, le premier pas n'est pas pour tous celui de l'engagement, mais l'aide n'est pas conditionnée à l'appartenance formelle au syndicat, comme l'explique une militante :

> Les gens viennent déjà pour leurs problèmes et après, c'est eux qui voient [...]. S'ils ont apprécié ce qu'on a fait, les réponses qu'on a donné [...] automatiquement quand on les rappelle, ils reviennent[19]...

Dans les quartiers les plus défavorisés face à la concentration de problèmes liés au chômage, à la pauvreté, à des conditions difficiles de logement, les services sociaux n'ont souvent pas les moyens d'apporter de réponses immédiates. Et comme l'urgence ne résiste pas aux rythmes de l'administration, aux règlements et aux catégories qui légitiment ou excluent une demande d'aide, les comités des chômeurs représentent le dernier espoir lorsque les circuits institutionnels se sont révélés insuffisants. Parfois, des complémentarités implicites se dessinent entre les comités de chômeurs et les travailleurs sociaux : « L'assistante sociale nous appelle pour faire des squats. [...] Ils n'ont pas le pouvoir, ils n'y arrivent pas. Ils n'ont pas le droit de squatter des appartements[20]... » Alors, ce droit, les comités des chômeurs le prennent, puisque la légitimité de leurs actions se fonde sur « l'urgence d'une réponse aux besoins, et non sur le seul cadre légal[21] » : « Ce qui caractérise les chômeurs, c'est l'urgence. Quand on dort dans une voiture, on ne peut pas se satisfaire d'une pétition sur le logement[22] ! »

Comme le souligne un des participants à la Ve conférence nationale des salariés privés d'emploi, « les chômeurs ne peuvent pas avoir la même pratique syndicale que les salariés occupés ». Dès lors, il faut que le syndicat accepte des formes d'action originales, différentes, « il faut sortir d'un certain conformisme ». Les squats pour reloger des familles expulsées, les collectes aux péages pour renflouer les caisses ou financer une action déjà engagée[23], les occupations de lieux publics, des locaux des ASSEDIC ou des bureaux des sociétés de HLM, la saisie des dossiers d'un huissier jugé trop zélé, l'utilisation gratuite des transports publics sont autant de formes d'action qui sortent du cadre des pratiques classiques du syndicat.

Néanmoins, la lutte pour des revendications immédiates apparaît comme un sas vers l'organisation collective des chômeurs, et elle est rapprochée de l'activité traditionnelle des délégués du personnel dans l'entreprise :

> On a un petit peu l'habitude, nous dans la CGT, de comparer la mission des copains qui s'occupent des comités à celle de nos délégués du personnel [...] en dehors de la bataille qu'on mène sur l'emploi, il y a effectivement toutes les revendications quotidiennes [...] On ne peut pas se contenter de discours pour les amener sur le terrain de l'organisation [24].

En effet, le résultat immédiat de ces actions et la transformation d'une demande d'aide individuelle en revendication collective, en droit bafoué ou à conquérir, donnent le sentiment de « se battre pour du concret et pour tout le monde [25] ». Ainsi, par exemple, le relogement par effraction de familles expulsées est à la fois l'occasion de réaffirmer le droit inaliénable à un toit, de dénoncer publiquement une injustice et d'en désigner les responsables (la société HLM). Ce type d'action mobilise souvent, au-delà des membres du comité des chômeurs, les habitants d'un immeuble ou d'une cité. Par ce coup de force, la mobilisation collective montre son efficacité immédiate et le comité, par les négociations qu'il entame avec la société HLM, se pose en légitime intermédiaire et défenseur des habitants les plus fragiles. Chaque confrontation avec la société de HLM soude le groupe et permet aux habitants de se réapproprier leur cadre de vie, leur quartier, d'avoir le sentiment de pouvoir peser et se défendre face à la gestion souvent arbitraire du parc locatif :

Quand on a vu qu'il y avait du monde qui allait être expulsé dans le quartier, on a décidé de faire une action aux HLM avec ceux qui étaient expulsés et tous les chômeurs. On s'est retrouvés devant les HLM. On avait mis des affiches partout [...] on avait fait le tour des sonos. Il y avait Charles, il y avait tous les responsables de tous les comités, c'était beau. On leur à dit : On reviendra[26] !

De même, la bataille désormais traditionnelle pour « la prime de Noël » ne mobilise plus seulement les adhérents des comités. Le renouvellement de cette action depuis le début des années 1990 assure une large visibilité et une grande popularité aux comités des chômeurs : décembre est devenu le symbole d'« un mois de lutte pour les chômeurs » des Bouches-du-Rhône où, en plus de la prime de Noël, « ce qui se joue chaque année est le droit pour les chômeurs de se défendre[27] ». Dans un autre registre, la demande d'une exonération d'impôts, de la taxe d'habitation ou de la redevance télé, ainsi que le refus des coupures d'électricité mobilisent la solidarité et la complicité de délégués syndicaux de la CGT à l'intérieur des administrations et des entreprises concernées. Au-delà des revendications immédiates, c'est surtout à cette occasion que la solidarité entre salariés et chômeurs peut s'exprimer :

Si ça s'arrange, c'est grâce aux gens syndiqués qui travaillent dans des endroits bien placés, mais qui sont à la CGT. C'est comme ça que les petits problèmes se règlent[28].

Si l'emploi, « un vrai emploi », demeure la revendication centrale de la lutte des chômeurs

CGT, elle se traduit plus difficilement par des actes et des résultats concrets. C'est essentiellement dans les entreprises publiques (hôpitaux, EDF-GDF, SNCF) où la CGT est bien implantée que le syndicat tente de mettre en place des « bureaux de lutte pour l'emploi », où actifs et chômeurs se retrouvent associés dans la lutte pour la titularisation de travailleurs à statut précaire, la création de nouveaux emplois répondant à des besoins identifiés par le syndicat, la réduction de la durée du travail contre l'embauche de chômeurs... Si ces expériences ne sont pas fréquentes, c'est qu'« au niveau des entreprises, un certain corporatisme » demeure et que, souvent, « la défense de l'emploi prime sur la solidarité avec les chômeurs[29] ». Ces actions aboutissent rarement à des embauches, et, quand c'est le cas, leur nombre est trop modeste pour mobiliser massivement les chômeurs. En effet, au-delà des contacts plus ou moins difficiles avec les syndicats d'entreprise, il reste que l'emploi est une denrée rare et n'apparaît pas comme une revendication concrète susceptible d'être satisfaite dans l'immédiat.

En 1998, le département des Bouches-du-Rhône compte 22 comités de chômeurs regroupant plus de 1 700 adhérents. Mais ces comités ont une influence qui excède de beaucoup ce premier cercle : pendant les occupations des ASSEDIC de décembre 1997 et janvier 1998, ils ont drainé un nombre important de chômeurs et travailleurs précaires dans leurs permanences[30]. 30 000 personnes se sont adressées aux comités de chômeurs du département pour remplir une demande de

« prime de Noël », soit près de la moitié des dossiers instruits dans le département. Si une minorité seulement a adhéré à la CGT, un nombre croissant de chômeurs et de travailleurs à statut précaire, gravite autour du syndicat. Ils représentent un potentiel militant mobilisable lors de manifestations et d'actions programmées.

Les comités apparaissent à la fois comme un groupe de pression et d'entraide face aux difficultés quotidiennes, et comme une alternative à la crise identitaire que le chômage entraîne :

> Je ne me sens pas tout à fait exclu, j'essaie de combattre ça, d'être mieux considéré. Ce n'est pas parce qu'on est chômeur qu'on doit être exclu ; je me bats pour la reconnaissance de moi-même, pour que je me rende compte que je sers encore à quelque chose[31].

Dans cette quête d'identité et de dignité, les chômeurs reconnaissent dans la CGT une organisation puissante, proche de leurs préoccupations, qui a une histoire, des moyens et une légitimité fondée sur les luttes passées de la classe ouvrière :

> Je ne sais pas pourquoi, mais je sens que le comité est une force [...] même le gouvernement a tremblé et il tremble encore, et on n'a pas fini de le faire trembler [...]. Voilà. C'est pour ça qu'il me plaît. Avec le comité, tu imposes tes revendications pour les faire aboutir [...]. Tu imposes, tu t'imposes. Tout en étant chômeur, tu t'imposes[32]...

Les comités de chômeurs bousculent le syndicat de façon profonde. S'ils reproduisent dans leur organisation son fonctionnement, c'est au prix de nombreuses concessions et « entorses au règlement ». La structuration des comités par quartiers et par cités, un travail de proximité constant, l'occupation de terrains depuis longtemps désertés par toute organisation politique ou syndicale, la prise en compte des « besoins des gens » avec les intéressés eux-mêmes, rompt avec l'action syndicale traditionnelle structurée autour de l'entreprise et des rapports antagoniques au travail. La condition de chômage implique une sorte de radicalisation et d'instantanéité de la lutte qui se conforment difficilement aux mots d'ordre et aux orientations venant d'en haut. L'urgence des demandes et l'hétérogénéité des chômeurs engagés dans les comités, qui souvent découvrent le syndicat par le chômage, font émerger des formes de participation et d'action directes et originales à l'intérieur de l'organisation syndicale.

Le Syndicat des chômeurs

Le lancement, à l'automne 1981, d'un Comité d'initiative pour la création d'un syndicat des chômeurs est incontestablement une innovation sociale qui rompt avec les tentatives précédentes pour organiser les chômeurs. L'idée d'un regroupement des chômeurs n'est pas nouvelle, mais cette initiative tente, pour la première fois, de les rassembler dans une organisation permanente et autonome qui entend les représenter. Cette initiative se fonde sur l'idée que le chômage n'est plus une privation temporaire d'emploi et s'appuie sur la constitution de cette catégorie de la population active en groupe particulier, ayant ses propres difficultés et ses propres intérêts. Le Syndicat des chômeurs est créé en février 1982, par un homme, Maurice Pagat, ancien chômeur en préretraite, et figure connue dans les milieux catholiques de gauche : militant catholique, il a participé à la création des communautés d'Emmaüs en 1953, a milité pour l'indépendance de l'Algérie, a été syndicaliste à la CFDT et membre du parti socialiste. Prise dans le contexte de l'arrivée de la gauche au pouvoir, l'initiative vise d'emblée à constituer les chômeurs comme force sociale, à les représenter dans les instances où leurs intérêts sont en jeu (ANPE, UNEDIC) et à devenir interlocuteur des pouvoirs publics.

Alerter l'opinion publique sur le drame du chômage

Si le Syndicat des chômeurs se réfère à la tradition des luttes ouvrières, il est privé des moyens d'action classique des organisations ouvrières : n'ayant pas d'emploi ni de place dans l'appareil productif, les chômeurs ne peuvent faire grève ; étant atomisés, les chômeurs ne peuvent organiser de manifestations de masse ; n'ayant pas de légitimité en tant que groupe constitué, les chômeurs ne sont pas considérés comme des interlocuteurs ou des partenaires sociaux. La situation des chômeurs est typique de celle des groupes à faibles ressources : ils ne peuvent recourir ni aux stratégies coercitives ni aux stratégies de négociation. Le nouveau Syndicat des chômeurs entreprend donc de se faire connaître, tant des chômeurs eux-mêmes que des médias et d'autres relais d'opinion. Il lui faut pour cela attirer l'attention, mais aussi proposer une nouvelle définition du problème du chômage, une nouvelle interprétation de la situation des chômeurs.

Une campagne de mobilisation est rapidement mise en place, basée sur l'occupation de locaux de l'ANPE, des ASSEDIC et du ministère du Travail. Au cours de l'année 1982, plusieurs quotidiens nationaux et chaînes de télévision rendent compte de ces actions d'éclat. Mais face à l'affaiblissement de la couverture médiatique de ces actions, le leader du mouvement entame une grève de la faim en décembre : « Nous sommes abandonnés et trahis [...]. Nos initiatives se sont heurtées à une conspiration du silence. C'est pourquoi j'entreprends cette grève de la faim [33]. »

Rompre le cercle de l'indifférence à l'égard des chômeurs, tel est le leitmotiv des responsables du Syndicat des chômeurs. Pour ce faire, ils cherchent à transformer les représentations dominantes véhiculées sur les chômeurs et particulièrement ceux qui s'enfoncent dans le chômage, souvent considérés comme fainéants, responsables de leur situation, inadaptés ou inemployables. Dans une conjoncture où l'opinion publique découvre le retour de la pauvreté (en particulier sous la figure de ceux que l'on a appelé les « nouveaux pauvres ») et la multiplication des sans-domicile-fixe (150 personnes environ sont mortes de froid au cours de l'hiver 1982-1983), le Syndicat des chômeurs joue d'un registre alarmiste en mettant l'accent sur les conséquences humaines du « drame du chômage ». La charge émotive de ce discours est particulièrement amplifiée lors de la participation de Maurice Pagat à l'émission télévisée « Droit de réponse », en novembre 1984. Cette construction du problème du chômage est constamment relayée par le journal de l'organisation (*Partage*) qui publie des témoignages poignants de chômeurs en butte aux difficultés matérielles, sociales et psychologiques, et évoque des cas de suicide pour souligner la gravité et l'inhumanité de la situation de maints chômeurs.

Ce point vue s'oppose aux manières habituelles de parler du chômage, dont les statistiques fournissent la matière première, et il définit en même temps une vision cohérente puisque la personnification du chômage en drames humains complète l'anonymat des séries de chiffres. Il s'agit, en procédant ainsi, de sensibiliser l'opinion publique, en faisant appel à la mauvaise conscience de ceux qui ne sont pas chômeurs, voire en jouant sur des réflexes de peur. Mais par cette mise en forme de la question du chômage, les chômeurs sont réduits au rang de victimes, dans une vision misérabiliste qui aplatit considérablement la diversité des chômeurs et tranche implacablement dans la formulation du problème du chômage.

Une défense autonome des chômeurs

Le Syndicat des chômeurs tente d'autre part de faciliter la mobilisation des chômeurs en désignant des responsables de leur situation, en nommant des adversaires ou des cibles pour les actions revendicatives. L'intervention collective des chômeurs est construite contre les initiatives publiques ou privées existantes à l'époque. Ainsi, les actions des organisations caritatives sont jugées inefficaces et, surtout, décalées par rapport aux difficultés et aux attentes des chômeurs : ceux-ci ne sont pas des cas sociaux et la dénomination de « nouveaux pauvres » indique de mauvaises pistes : « car on ne va pas ouvrir dans toute la France des centres d'hébergement et des soupes populaires pour apporter des solutions aux problèmes des chômeurs mal ou non-indemnisés. D'abord parce que les chômeurs n'aiment pas ça, ils ont leur fierté, dans le monde ouvrier il y a toute une tradition de fierté ; pour la plupart, ils n'iront même pas dans ces restaurants du cœur et donc, on est un peu à côté de la plaque en prenant ce type d'initiatives[34] ».

La charité et la distribution de secours en nature est donc contestée et considérée comme contradictoire avec la formulation du problème du chômage. Le Syndicat des chômeurs y substitue la revendication d'un droit à un revenu minimum, égal à deux tiers du SMIC. La politique du gouvernement n'est pas plus appréciée puisqu'elle a conduit à une diminution des prestations et à la partition du système d'indemnisation en deux régimes, l'un fonctionnant sur le principe de l'assurance, l'autre sur le principe de l'assistance. De plus, la politique de lutte contre le chômage est rejetée pour son inefficacité et une réduction immédiate du temps hebdomadaire de travail à trente-cinq heures est demandée afin de créer des emplois.

Mais c'est surtout avec les organisations syndicales, tenues pour responsables de la dégradation des allocations de chômage, que les relations sont les plus tendues et conflictuelles. Dès son lancement, le Syndicat des chômeurs est perçu comme une initiative qui menace le monopole de la représentation des travailleurs, qui plus est, en opposant salariés et chômeurs. Le recours au terme « syndicat » pour désigner l'organisation des chômeurs revenait à se situer en position de concurrence, au moins symbolique, avec les organisations de salariés. Cette opposition est clairement revendiquée puisque la nouvelle organisation en appelle à un retour aux « valeurs fondamentales du mouvement ouvrier » et à une « syndicalisme authentique »[35]. Les organisations ouvrières sont accusées de défendre les « avantages acquis », les « petits privilèges », les « archaïsmes », et le Syndicat des chômeurs soutient la politique de flexibilité et l'assouplissement des droits sociaux des travailleurs au nom de la création d'emplois.

Ces prises de position définissent une véritable contradiction entre salariés et chômeurs, et leurs organisations respectives, que Maurice Pagat formule en termes très explicites : « Pourquoi aujourd'hui y a-t-il une contradiction entre les stratégies des grandes organisations syndicales qui défendent d'abord les emplois et les statuts pour ceux qui ont la chance d'avoir une place sur le marché de l'emploi et les revendications et les propositions des chômeurs. Il y a une contradiction et c'est lourd de conséquences. Nous, nous avons la charge de défendre les intérêts des chômeurs, c'est là-dessus que nous mettons l'accent. Ce qui nous paraît avoir été la dominante de ces dernières années, c'est ce que nous appelons le triomphe du corporatisme; il n'y a pas eu vraiment de partage[36]. »

Le Syndicat des chômeurs se singularise donc avec un discours fortement autonome, mais cette posture le coupe des organisations politiques et syndicales classiques.

Cette organisation parvient néanmoins à constituer un réseau de soutiens : la conférence de presse de lancement du Syndicat des chômeurs s'était tenue à la Maison du protestantisme français, et c'est parmi les communautés chrétiennes que cette initiative reçoit le plus d'appuis, et de fonds. En 1984, un Comité chrétien de solidarité avec les chômeurs est créé, qui va réaliser des collectes dans les paroisses et au sein des congrégations pour aider le Syndicat des chômeurs à se développer. Ces soutiens ne se démentiront jamais, et permettront de lancer le journal *Partage*, qui ne bénéficie guère d'abonnements payants, mais continue à paraître chaque mois, près de quinze ans après sa création. C'est aussi grâce à ces dons que le Syndicat des chômeurs peut créer, la même année, une première « maison des chômeurs », à

Paris. Cette initiative est fortement médiatisée, et elle suscite une vague de démarches de la part de chômeurs vivant en province, qui souhaitent créer des lieux de regroupement sur ce modèle.

La difficulté de mobiliser les chômeurs

Toutefois, le Syndicat des chômeurs ne parvient pas à développer son audience parmi les populations auxquelles il s'adresse : les adhérents ne dépassent pas quelques centaines, et ce sont surtout les chômeurs les plus âgés, ayant perdu tout espoir de retrouver un emploi, qui sont attirés par le Syndicat[37]. La base militante ne s'élargit pas, malgré le soutien de personnalités jouant le rôle d'autorités morales et intellectuelles, et l'adhésion de plusieurs associations locales de chômeurs, basées en province. Aussi, en 1985, le Syndicat des chômeurs organise-t-il une Rencontre nationale, qui se tient à Bais, en Mayenne, dans un château prêté par les milieux catholiques, et parvient à regrouper 57 associations de chômeurs. L'objectif est de structurer ces initiatives locales, et les débats débouchent sur la création d'une structure fortement centralisée, dont la présidence est assurée par Maurice Pagat : le Syndicat national des chômeurs. De plus, la décision est prise d'organiser une marche des chômeurs sur Paris, sur le principe de la Marche pour l'égalité effectuée par les jeunes issus de l'immigration quelques mois plus tôt, et dans la filiation des marches de la faim des années trente. Finalement, cette marche se transforme en manifestation nationale : 2 500 personnes défilent entre République et Bastille le 30 mai 1985.

Au-delà des polémiques sur le succès de la mobilisation (faut-il parler d'échec ou de succès pour une première manifestation nationale de chômeurs ?), ce sont l'hétérogénéité des participants, la diversité des slogans, l'éclatement des positions affichées qui frappent : « Les responsables nationaux ont refoulé de la tête de manifestation les porteurs de banderoles hostiles aux TUC, auxquels le Syndicat est officiellement favorable. Les banderoles de la Maison des chômeurs énumèrent les services offerts dans ses locaux et déplorent l'absence de subventions. Les manifestants de province qui composent les trois quarts du cortège, insistent sur leur origine locale ou le nom de leur association, d'autres brandissent le calicot « ni dieu ni Pagat, non aux sectes », des panneaux individuels réclament « du travail, j'en veux » ou protestent contre le « chômage-gaspillage » ; peu de slogans, des chômeurs discrets, plutôt âgés, défilent comme sans espoir[38]. »

Le contraste est net entre la diversité des figures collectives mobilisées et la forte personnalisation du leadership du Syndicat des chômeurs, entre l'éventail des revendications ou mots d'ordre affichés et la monopolisation de la parole publique par le chef de file[39]. Cette manifestation révèle l'extrême hétérogénéité politique du Syndicat des chômeurs et l'absence d'élaboration collective de positions communes et partagées. La distance apparaît importante entre la direction du Syndicat, contrôlée par Maurice Pagat et dont les positions sont relayées par le journal *Partage*, et les spécificités des associations locales. De ce point de vue, la manifestation signe l'échec d'une mobilisation dans un cadre national. Elle souligne la difficulté à préciser un enjeu collectif permettant de fédérer des initiatives locales disparates.

Une scission intervient à la fin de l'année 1985 avec la création de la Fédération nationale des chômeurs, à laquelle adhère une vingtaine d'associations. Dirigée par Michel Vergely, militant au PS et à la CFDT, cette organisation entend recentrer l'action collective sur le terrain local et développer des services en direction des chômeurs, mais elle ne connaîtra guère de succès durable. Lors de son congrès de 1986, le Syndicat des chômeurs est regroupé avec des associations locales dans une structure fédérative : le Mouvement national des chômeurs et des précaires (MNCP). Les actions revendicatives et protestataires sont mises en sourdine au profit du développement de services d'entraide au sein des maisons des chômeurs. En 1992, Maurice Pagat quitte le MNCP, suivi par une minorité des associations adhérentes.

Son action se concentre désormais sur l'organisation de débats et de rencontres sur les divers aspects du problème du chômage : états généraux du chômage et de l'emploi à partir de 1988, puis université d'été organisée chaque année à Thiviers dans un ancien couvent donné, en 1991, par une congrégation religieuse à l'association Partage. Ces rencontres attirent de nombreux intellectuels, experts, hommes politiques, en direction desquels le journal *Partage* est largement distribué. La

coupure avec les chômeurs est consommée et
l'objectif de constituer une base militante abandonnée : plus qu'un mouvement de chômeurs qui
chercherait à constituer ceux-ci en force politique,
il est devenu un lieu de réflexion sur le chômage,
voire un groupe de pression sur les pouvoirs
publics.

Le Syndicat des chômeurs n'est pas parvenu à
constituer les chômeurs en force collective et à
obtenir une représentation institutionnelle pour
les chômeurs : « Si nous avions su susciter un mouvement social de masse de la part des chômeurs,
nous aurions survécu[40]. » L'échec de la stratégie
médiatique de mobilisation semble avoir laissé un
vide, et à partir du milieu des années 1980, les chômeurs semblent de nouveau muets et confinés au
silence. En fait, il n'en est rien ; c'est plutôt le
centre de gravité du mouvement qui s'est déplacé
du thème de la représentation des chômeurs et de
la scène médiatique au développement d'actions
d'entraide sur le terrain local. Le Mouvement
national des chômeurs et précaires est particulièrement engagé dans cette direction.

Le Mouvement national des chômeurs et précaires

Dès sa création, le MNCP met l'accent sur la nécessité de renforcer les initiatives locales des chômeurs. Regroupement d'associations locales, il est
une organisation fédérative légère qui voit dans le
développement d'actions de proximité, dont les
« maisons des chômeurs » sont l'archétype, le

moyen de mobiliser les chômeurs en plus grand nombre, en partant de leurs problèmes quotidiens. La création de maisons des chômeurs vise d'abord à répondre à l'atomisation d'une population qui ne dispose d'aucun lieu où se regrouper, à rompre l'isolement dans lequel nombre de chômeurs sont relégués.

Fédérer des initiatives locales

L'arrivé à sa présidence, en 1992, de Hubert Constancias, président de l'association Chomactif de Clermont-Ferrand constitue le symbole de cette logique d'action, tournée vers l'entraide et la réponse à l'urgence de la situation des chômeurs. Le MNCP entend construire une dynamique nationale, comme sa dénomination le suggère, mais en se basant sur les initiatives préexistantes localement : « Ma constatation serait plutôt qu'il y a une structuration un peu spontanée et informelle des chômeurs. Partout il y a des chômeurs qui se groupent, mais sur des bases parfois très utopiques. Ils s'imaginent que s'ils se mettent en petit groupe, ils vont retrouver du travail et vont faire face à leurs problèmes. Disons que c'est sur ce terrain-là que peuvent se créer des mouvements tels que les nôtres, qui vont effectivement plus loin que le simple petit groupe local qui n'a pas de pensée nationale, ni de revendication structurée face aux pouvoirs publics, etc. Et ça, pour nous, dans notre mouvement, c'est important parce qu'on se définit précisément comme une fédération. On ne structure pas le mouvement sur la base de revendications, on n'essaie pas de le structurer sur la base de quelque chose de préconçu, qui est le mode d'existence classique du syndicat ou du parti politique, mais plutôt comme quelque chose qui cherche à fédérer des énergies qui sont là, qui sont déjà constituées, qui sont déjà sur le terrain, mais qui souvent n'ont pas de lien au-delà du local[41]. »

A l'opposé de la stratégie médiatique au principe du lancement du Syndicat des chômeurs, le MNCP privilégie les actions de proximité, articulées aux préoccupations immédiates des chômeurs, afin de constituer une base militante solide. L'organisation de rencontres entre associations locales vise à mutualiser les expériences et à disséminer les initiatives prises dans telle ou telle ville. L'organisation de stages de formation à destination de responsables des associations cherche à renforcer les collectifs de base et à favoriser leur structuration et leur développement. C'est également à partir des actions locales, donc des problèmes quotidiens des chômeurs auxquels celles-ci cherchent à répondre que des revendications plus globales sont élaborées. L'émergence d'orientations revendicatives et de stratégies d'action est donc progressive et les propositions du MNCP demeurent relativement ouvertes : la fédération élabore sa plate-forme revendicative à partir de l'activité des associations adhérentes, afin d'être « le multiplicateur, le porte-voix des aspirations des chômeurs[42] ». C'est donc à partir des associations locales adhérentes que l'on peut comprendre le MNCP.

Au début des années 1980, les tentatives de médiatisation d'opérations coups-de-poing, telles que l'occupation de locaux des services publics de l'emploi, n'avaient pas permis de provoquer une mobilisation significative des chômeurs. En revanche, l'expérience de la première « maison des chômeurs » avait permis d'attirer en quelques mois plusieurs centaines de chômeurs. Ce bilan contrasté, à l'origine du lancement du MNCP, indiquait une direction à suivre. Cette orientation était largement l'inverse de celle qui avait présidé à la création du Syndicat des chômeurs, puisqu'elle condamnait, au moins dans un premier temps, à une faible visibilité, compte tenu du caractère peu spectaculaire du fonctionnement de ces lieux d'entraide et du morcellement de l'action collective que leur multiplication représente.

Progressivement, c'est même une véritable contradiction qui est apparue entre la mobilisation de proximité centrée sur les chômeurs eux-mêmes et les actions de communication axées sur les médias. En effet, le rôle de vitrine joué par la première « maison des chômeurs », parisienne, a fait émerger une difficulté récurrente de l'organisation des chômeurs : exhiber les difficultés et le dénuement des chômeurs risque de renforcer les visions communément admises qui figent les chômeurs dans le statut de pauvres, et, plus précisément, dans le contexte du milieu des années 1980, dans la catégorie de « nouvelle pauvreté ». L'initiative consistant à restaurer la dignité des chômeurs par l'auto-organisation risque de se retourner contre ses promoteurs et ses acteurs, en pétrifiant les chômeurs dans la figure disponible, et socialement admise, de la victime.

Le spectacle de la misère des chômeurs est à double tranchant, car il risque d'être réapproprié sous la figure de l'assisté qui, au regard des travailleurs sociaux, des journalistes et des autorités, permet de neutraliser la menace que représente la volonté militante de transformer les chômeurs en force sociale : parce que montrer la pauvreté des chômeurs rencontre le consensus, « l'intention d'organiser les chômeurs se renverse en leur exhibition comme pauvres[43] ».

C'est donc dans la discrétion, et l'ignorance de l'opinion publique, que le MNCP entreprend de fédérer les associations locales de chômeurs et de développer ces lieux de rencontre et d'entraide.

Développer des lieux de rencontre et d'entraide

L'absence de lieu spécifique est bien un obstacle au regroupement des chômeurs. Privés d'emploi, les chômeurs sont dépourvus de lieux de travail, de rencontre, de solidarité, de communication. Les institutions que les chômeurs fréquentent, par obligation ou dans l'espoir de retrouver un emploi, ne permettent pas le développement d'échanges et le partage de l'expérience du chômage : ils ne sont que des points de passage ponctuels, structurés par une logique de guichet qui infériorise voire culpabilise le chômeur et l'isole encore plus des autres.

En opposition aux institutions, qui constituent

un recours quasi obligé pour les chômeurs, la création de lieux spécifiques répond à un projet d'entraide, de convivialité, et d'organisation collective. Les associations locales de chômeurs prétendent à être des espaces de reconquête d'une dignité et des moyens de s'affirmer comme des citoyens à part entière, comme un groupe social. C'est ce pari que le MNCP a entrepris de tenir depuis le milieu des années 1980, à travers un réseau de lieux d'accueil des chômeurs, qui compte plus de 100 associations en 1998 [44].

Issues de dynamiques locales, les associations de chômeurs fédérées au sein du MNCP forment une nébuleuse très hétérogène. En effet, les circonstances de création de ces collectifs locaux sont très diverses : solidarité entre collègues licenciés de leur entreprise, regroupement d'habitants d'un quartier ou d'une commune, réunion de personnes issues des mêmes lieux de formations (école ou stage), etc., mais le noyau des fondateurs compte souvent des militants, issus du monde syndical, politique ou associatif. Plus encore que la diversité de ces réseaux affinitaires, le lancement de l'association et les modalités d'obtention d'un local, indispensable à l'accueil des chômeurs, sont discriminants. Dans certains cas, le local est obtenu après une intense mobilisation collective et une phase d'affrontement avec la municipalité ou les institutions locales : le lancement de pétitions, la conduite de campagnes d'adhésions, l'organisation de manifestations de rue, ou l'occupation de lieux publics permettent au collectif de s'imposer dans l'espace local. Dans d'autres cas, la menace d'une agitation n'est pas nécessaire, la municipalité pouvant même susciter discrètement la création d'une association, avant de l'installer au sein de l'hôtel de ville ou dans une maison de l'emploi regroupant divers services publics et autres associations. Depuis l'engagement d'un rapport de force avec les institutions locales jusqu'à l'intégration dans un projet de développement local, les modalités de lancement et d'implantation sont très différentes et ont des conséquences sur l'indépendance de l'association et la possibilité de conduire un projet proprement politique d'organisation des chômeurs.

Les activités conduites au sein des associations de chômeurs couvrent également un éventail très large et combinent des logiques plurielles, de sorte que chaque association apparaît spécifique et particulière. Parmi ces activités, on peut recenser : l'accueil convivial des chômeurs autour d'une cafetière, les banques alimentaires et la distribution de secours en nature, la réfection et la vente de vêtements d'occasion, des activités sportives ou de loisirs, des permanences juridiques visant à régler les problèmes administratifs rencontrés par les chômeurs, l'intervention auprès d'institutions pour solutionner des problèmes d'endettement ou empêcher des expulsions, des ateliers de travail manuel, une offre de services divers à bas prix (coiffure, location de bicyclettes, épicerie sociale), la création d'associations intermédiaires prodiguant des activités rémunérées, des ateliers de recherche d'emploi et de rédaction de CV, la confection et la vente de journaux d'expression des chômeurs, l'organisation de débats sur le chômage, la distribution de tracts faisant connaître l'association, des manifestations de rue et autres activités revendicatives, etc. La liste des activités réalisées au sein de ces associations est donc particulièrement longue. Elle pose le problème de leurs liens avec la visée d'organisation collective des chômeurs et de construction des chômeurs comme groupe social.

Socialiser les chômeurs et politiser le chômage

Regrouper, défendre et mobiliser apparaissent comme les trois objectifs poursuivis par ces associations locales[45]. Réunir et rassembler les chômeurs constitue la première strate de leur activité, celle qui répond à l'isolement des chômeurs. En ce sens, les associations sont d'abord des lieux pour se rencontrer, dans la « convivialité », « autour d'une tasse de café », des lieux où l'entre-soi qui fait défaut aux chômeurs peut être reconstitué. Ces lieux spécifiques sont en quelque sorte des équivalents de l'atelier, ou du café où l'on se retrouve après la journée de travail, ou encore du local syndical. Ce sont des lieux où l'on se réunit entre pairs, loin de la suspicion qui régit les contacts aux guichets administratifs ou de la gêne qui règne dans les relations avec ceux qui ont un emploi. Mais les chômeurs qui s'adressent aux associations le font souvent parce qu'ils sont confrontés à une difficulté qu'ils n'ont pas su résoudre, ils le font quand les autres recours ont été épuisés.

Aussi la défense et l'aide représentent-elles une activité indissociable de l'accueil. Dès lors que l'association est le lieu de la dernière chance, la priorité est de trouver une solution là où les autres ont échoué. C'est pourquoi les associations ont été conduites à mettre en place des services visant à répondre aux demandes qui leur sont adressées : aide dans les démarches administratives, conseils dans la recherche d'emploi, distribution de secours matériels, etc. Les demandes d'aide immédiate des chômeurs structurent les activités des associations de chômeurs. Ce deuxième type d'activités est piloté par la demande, et s'il comprend des risques de glissement vers des logiques d'assistance et de dérive vers une intervention caritative, il contribue directement à construire la crédibilité des associations aux yeux de ceux qui s'y adressent. Répondre aux difficultés concrètes et quotidiennes des chômeurs est un leitmotiv des animateurs et militants de ces groupes locaux. Mais ceux-ci y voient aussi le danger de se transformer en un ultime filet d'aide sociale, et cherchent à sortir de la relation demandeur-prestataire qui plane sur la première visite des chômeurs à l'association. L'enjeu est de maintenir une dimension revendicative dans la vie de l'association afin de ne pas être happé par les demandes quotidiennes.

Mobiliser, ce troisième terme du triptyque renvoie à des activités lancées à l'initiative des membres actifs de l'association et pour lesquels il s'agit de susciter l'engagement des chômeurs. La réalisation de journaux d'expression, la distribution de tracts, l'organisation de manifestations de rues correspondent à cet objectif. Il s'agit de sortir de l'aide individuelle répondant à une urgence précise pour faire pression sur les autorités pour obtenir des avantages catégoriels (la gratuité des transports auprès du syndicat intercommunal par exemple) et des droits collectifs. Derrière la construction de telles actions et enjeux collectifs, il s'agit de susciter une large participation des chômeurs.

A cet égard, les trois logiques d'action, regrouper, défendre et mobiliser, s'articulent. Car au-delà de la convivialité du lieu d'accueil et de la réponse à des demandes ponctuelles, l'objectif est d'amener les chômeurs à modifier leurs propres visions du chômage, à interpréter différemment leur condition, en construisant un cadre d'injustice, dans lequel le chômage n'est plus seulement une épreuve individuelle, résultat de carences personnelles, et légitimant une mobilisation dans la recherche d'emploi, mais aussi une situation inacceptable, résultat d'un fonctionnement socio-économique, et légitimant une protestation collective.

Ce processus de définition de la situation ne s'apparente ni à une conversion brutale et soudaine, ni à une entreprise de persuasion idéologique et doctrinaire ; c'est un ensemble d'interactions qui représentent une socialisation progressive. Le point de départ est la demande du chômeur qui s'adresse souvent à l'association comme à un guichet de la dernière chance, pour résoudre un problème (logement, ASSEDIC...), après avoir épuisé les démarches auprès des institutions. Le premier impératif est de trouver une solution là où les autres ont échoué, mais une série de cercles ou d'étapes se greffent sur cette intervention initiale, qui forment une socialisation spécifique : l'accueil convivial tranche avec le guichet administratif et construit un entre-soi ; des activités collectives internes à l'association (couture, journal, réparation de cycles...) permettent de découvrir des situations comparables à la sienne ; des activités extérieures (distribution de tracts sur les marchés, ventes de journaux ou de brocante pour l'association...) conduisent à s'afficher comme chômeur à l'égard d'autrui ; enfin des rassemblements publics (défilés, manifestations de rue) sont l'occasion d'affirmer une cause collective au regard de l'opinion. L'enchaînement de ces situations correspond à un processus de socialisation signifiant le passage d'une résignation fataliste ou d'un découragement paralysant à l'identification de capacités d'action collective et à l'engagement.

Certes, l'engagement individuel pour la « cause » des chômeurs n'est pas un processus aussi linéaire, et seule une minorité des chômeurs qui adressent des demandes d'aide aux associations participent ensuite à des activités collectives et *a fortiori* à des actions publiques. La plupart font défection – ce que l'on pourrait interpréter comme la trace de la logique du « ticket gratuit » chère aux utilitaristes[46]. Quoi qu'il en soit, les activités visant à répondre aux difficultés concrètes et quotidiennes des chômeurs ne doivent pas être opposées à l'action revendicative et protestataire, car elles sont des supports de socialisation et des rouages indispensables à la mobilisation. Elles apparaissent plutôt comme une condition de l'action collective, d'autant plus qu'elles s'inscrivent nécessairement dans des lieux spécifiques, appropriés par les chômeurs.

Il reste que les associations locales de chômeurs sont prises dans la polarité entre assistance et protestation, distribution de services individuels et revendications de droits collectifs. Et certaines sont devenues de véritables auxiliaires de la protection sociale, fonctionnant autour d'un responsable (ou d'une équipe dirigeante) qui coordonne l'ensemble des activités, les chômeurs étant relégués au rang d'usagers de services redistributifs. Par son congrès annuel et par l'organisation de contacts entre les associations (notamment par son programme de formation interne), le MNCP s'emploie à maintenir cette tension originelle entre la réponse aux urgences sociales et l'action protestataire, un travail de proximité avec les chômeurs et la formulation d'objectifs généraux. Son adhésion au mouvement « Agir ensemble contre le chômage » (AC!), dès 1993, témoigne de cette stratégie, renforcée quelques années plus tard par le recrutement d'un permanent national dont le rôle est de resserrer les liens entre les associations et de renforcer la fédération. La participation du MNCP à la mobilisation de décembre 1997 et janvier 1998, tant au niveau national que dans de nombreuses localités, concrétise cette orientation. Toutefois, le fait de privilégier l'auto-organisation des chômeurs sur un plan local a empêché le MNCP d'acquérir, jusqu'ici, une visibilité sociale forte. En revanche, cette stratégie a permis de constituer un réseau solide et diversifié de collectifs de chômeurs.

L'Association pour l'emploi, l'information et la solidarité

L'APEIS est fondée en 1987 par Richard Dethyre, ancien ouvrier métallurgiste, ancien responsable national des Jeunesses communistes et ancien syndicaliste CGT, et Malika Zediri-Corniou, animatrice dans les écoles de Créteil et adjointe au maire d'Arcueil. L'association se constitue dans une bataille contre les ASSEDIC du Val-de-Marne. En moins d'un an, douze antennes de l'APEIS sont créées dans ce département, puis des antennes se multiplient, d'abord dans la banlieue nord et est de Paris (Val-de-Marne, Seine-Saint-Denis, Hauts-de-Seine). Cette implantation s'élargit ensuite, et l'APEIS revendique aujourd'hui 23 000 adhérents dans 50 villes et 17 départements[47]. L'implantation géographique originelle de l'APEIS s'explique tant par la nécessité de se renforcer sur la zone de compétences de l'ASSEDIC que par les réseaux et ressources qu'elle est parvenue à mobiliser. A son démarrage, elle bénéficie de soutiens (subventions, mise à disposition de locaux) émanant principalement de collectivités locales à majorité communiste. De même, c'est d'abord la presse communiste, notamment *L'Humanité*, qui rend compte des actions menées par l'APEIS, et répercute ses slogans et mots d'ordre[48]. Progressivement, elle acquiert une audience plus importante, grâce aux actions spectaculaires qu'elle conduit régulièrement, notamment dans les antennes des ASSEDIC.

Lutte et revendication contre la misère

L'APEIS se définit comme « une association de chômeurs à caractère revendicatif[49] » et s'inscrit dans la continuité de l'action, revendiquée comme fondatrice, conduite au siège de l'ASSEDIC du Val-de-Marne en octobre 1988 : à cette date, un chômeur sollicite l'appui de l'association afin d'obtenir une aide d'urgence de la part de l'ASSEDIC. Une trentaine de chômeurs de l'association se rendent alors à l'ASSEDIC et demandent à rencontrer la direction. Ne pouvant obtenir une entrevue, ils décident d'occuper les locaux, et le groupe grossit pour atteindre une centaine de personnes. Le rapport de forces se durcit : les chômeurs sont accusés de prendre le personnel de l'ASSEDIC en otage, et la direction décide de fermer toutes les antennes du département. Les dirigeants de l'APEIS tentent en vain d'obtenir la médiation du préfet. L'occupation dure quatre jours et quatre nuits, cette action coup-de-poing bénéficiant du soutien de personnalités, notamment d'Albert Jacquard. Cet épisode donne à voir les principaux traits de la mobilisation des chômeurs engagée par l'APEIS au cours des dix dernières années : un répertoire d'actions non conventionnelles qui privilégie les épreuves de force et s'inspire du registre anarcho-syndicaliste, des objectifs axés sur les difficultés quotidiennes des chômeurs et visant des améliorations immédiates et tangibles de leurs conditions de vie. Organiser des actions protestataires articulées sur les préoccupations concrètes des chômeurs est une spécificité forte de l'APEIS, qui explique, avec les soutiens externes dont elle bénéficie, le développement rapide de cette association.

L'association appuie ses actions sur une vision de la condition de chômeur qui met l'accent sur les aspects les plus destructeurs de la privation d'emploi : dénuement, vulnérabilité, misère, marginalisation. Le point d'appui de la mobilisation est ainsi une dénonciation de la dégradation des conditions de vie des chômeurs et de l'aggravation des conséquences sociales et économiques du chômage : le chômage devient une condition inhumaine, intolérable, indigne. Cette mise en forme de la question du chômage évacue la figure du demandeur d'emploi qui s'inscrit dans la compétition pour les embauches et privilégie la figure du chômeur qui ne parvient pas à sortir du chômage et rencontre des difficultés croissantes pour vivre et survivre. Ce travail d'homogénéisation de la condition de chômeur n'est pas éloigné de celui qui préside à la logique du MNCP et à la création d'associations locales. Il est de nature à exacerber un sentiment d'injustice propre à favoriser l'engagement dans l'action collective. Il permet aussi, nous le verrons, d'orienter la lutte vers des objectifs plus précis et concrets que, par exemple, le retour de tous à l'emploi.

De plus, s'il apparaît assez restrictif par rapport à la forte hétérogénéité de la population des

LES ORGANISATIONS DE CHÔMEURS 175

chômeurs, il désigne l'émergence d'une nouvelle condition sociale que la rapide dégradation de l'indemnisation des chômeurs contribue à produire. Le potentiel militant de l'APEIS tend ainsi à s'élargir avec le temps, le développement du chômage durable et la dégradation des mécanismes de redistribution.

Le rapport de forces avec les ASSEDIC

Si la misère des chômeurs, ou du moins la paupérisation d'un nombre croissant d'entre eux, sont des processus généraux que l'APEIS entend combattre, son action s'est construite à partir de la désignation d'objectifs précis et limités, dans la perspective d'obtenir des améliorations effectives des conditions de vie des chômeurs. Autrement dit, c'est à partir de problèmes auxquels certains chômeurs, sinon tous, étaient confrontés que des revendications ont été formulées et des actions engagées. Les actions de l'APEIS se sont développées sur le terrain privilégié des ASSEDIC, autour de la défense des droits des chômeurs face à cette institution, et plus précisément de la distribution des fonds sociaux et des conditions d'accueil dans les guichets. La sous-utilisation des fonds sociaux est un terrain constant de lutte pour l'APEIS, qui considère cette pratique comme un déni de justice[50]. Elle demande donc l'utilisation intégrale des fonds sociaux, comme elle réclame également le droit pour tout chômeur de se faire accompagner aux guichets des ASSEDIC. Car les conditions d'accueil des chômeurs, l'opacité dans le traitement des dossiers, la fréquence des erreurs et des retards, l'inexistence de voie de recours, constituent le second cheval de bataille de l'APEIS, qui y voit le signe que « le chômeur est exclu de l'exercice minimal, élémentaire de la citoyenneté. Il est seul, sans recours, soumis au bon vouloir de la bureaucratie, à l'inégalité de fait avec les autres citoyens. Déjà diminué financièrement, il l'est davantage encore par son isolement, le caractère transitoire, fluctuant, aléatoire de sa situation qui le prive de surcroît du droit de s'organiser, de s'associer en groupes de pression pour obtenir ce que d'autres arrachent souvent au prix de luttes acharnées, difficiles, et dont les acquis sont protégés par la législation sociale, et le Code du travail. L'APEIS est née de ce vide effrayant[51] ».

Cette revendication montre encore la volonté de l'APEIS de situer ses interventions au plus près du quotidien des chômeurs, ce qui permet de faire la démonstration de l'utilité de l'association et de faciliter la mobilisation.

La mobilisation pour la réparation des injustices que les chômeurs vivent au quotidien est inséparable de la désignation de responsables de ces injustices, tant la qualification d'un coupable est l'une des conditions nécessaires à l'action collective[52]. Sur ce point, l'APEIS a parfaitement réussi à identifier une cible, qui plus est suffisamment accessible et incarnée pour que l'engagement dans la lutte ait un sens. Car si l'APEIS rejette globalement le fonctionnement socio-économique actuel qui produit un chômage de masse et la paupérisation d'une fraction de la population, si l'APEIS oriente régulièrement ses critiques vers les pouvoirs publics et les dispositifs de la politique de l'emploi, accusés de développer la précarité, c'est l'UNEDIC qui est la cible privilégiée de ses actions, et plus précisément encore les ASSEDIC, accusées de ne pas employer leurs ressources financières, pourtant disponibles à aider les chômeurs en difficultés, vilipendées pour l'accueil inhumain et indigne qu'elles réservent aux chômeurs[53]. C'est en désignant un responsable aussi proche que l'association peut conduire des actions ancrées dans la vie quotidienne des chômeurs et arracher des améliorations tangibles. Certes l'ANPE n'est pas épargnée (elle est rebaptisée « agence nationale pour l'exclusion »), mais ni les revendications ni les actions ne sont dirigées en priorité contre elle, parce qu'il n'y a pas de biens à en attendre, dès lors que l'APEIS rejette les mesures d'aide à l'emploi et autres stages de formation.

Revendiquer dans la proximité, la stratégie de l'APEIS est telle que « l'épreuve de force est constitutive de la dynamique de l'association[54] ». Et les locaux des ASSEDIC sont le lieu d'élection pour l'expression de la colère collective, le cadre privilégié pour faire pression et engager un rapport de forces. Les rassemblements devant les antennes ASSEDIC, l'occupation de ces bureaux pour des durées plus ou moins longues, sont des moyens d'action habituels, complétés par des actions plus spectaculaires visant à alerter sur la nécessité d'améliorer sans délai la condition de chômeur : des chômeurs s'enchaînent parfois aux grilles du siège de l'UNEDIC, d'autres entament des grèves de la faim... Les antennes des ASSEDIC, comme les agences locales pour l'emploi, sont aussi des lieux où les militants de l'APEIS font connaître leur association aux chômeurs, distribuent des tracts, font circuler des pétitions, informent sur des actions futures.

Si l'APEIS organise la « révolte » contre les institutions impersonnelles qui bafouent les droits des chômeurs, elle se pose aussi comme un espace convivial où les chômeurs peuvent se retrouver entre eux et rompre leur isolement. « Plus jamais seul » est un slogan inlassablement mis en exergue sur les affiches et les tracts de l'APEIS. Regrouper les chômeurs, les associer, recréer une solidarité constituent aussi des objectifs de l'association : dans le collectif, chacun retrouve une place, une existence, une dignité : « On trouve à l'APEIS beaucoup de chaleur humaine, une vraie solidarité et le sentiment d'être utile[55]. » L'intégration dans un collectif où le chômeur retrouve camaraderie et solidarité est souvent un préalable à l'engagement dans l'action collective ; du moins, l'inscription des individus dans des groupes de pairs constitue une incitation à participer à l'action collective, car la défection a alors des conséquences négatives comme la réprobation ou l'exclusion du groupe[56]. Cela est d'autant plus vrai avec les chômeurs puisque la privation d'emploi provoque souvent la perte de confiance en soi, la culpabilité ou le repli sur soi. Mais dans le cas de l'APEIS, c'est bien l'action revendicative qui représente l'objectif central du rassemblement des chômeurs, et qui donne sa signification à l'entreprise collective.

Agir ensemble contre le chômage, AC!

C'est parmi les syndicalistes réunis autour de la revue *Collectif* que germe l'idée de lancer un mouvement de « lutte contre le chômage et l'exclusion[57] ». En octobre 1993, un appel est lancé, pour « faire naître un large mouvement capable de s'attaquer vraiment au chômage », qui est signé par une soixantaine de syndicalistes à l'origine de l'initiative, des responsables d'associations de chômeurs (APEIS, MNCP notamment), des militants associatifs (LDH, MRAP, FASTI, CAIF, CSF, DAL...), des écologistes, des chercheurs. En janvier 1994, des premières assises nationales sont organisées, et le mouvement AC! est mis sur les rails : « Assez! les deux lettres que nous avons choisies comme signe du mouvement "Agir ensemble contre le chômage" renvoient à un sentiment qui monte dans ce pays : on ne peut tout simplement pas continuer comme cela[58]. »

Chômeurs et salariés pour l'abolition du chômage

Le mouvement se veut le regroupement d'associations et d'organisations de diverses obédiences, et entend associer salariés et chômeurs (Actifs et chômeurs, autre signification du sigle AC!) dans la mobilisation contre le chômage. L'objectif est de créer un cadre fédérateur d'initiatives locales et un espace de débats pluralistes. Ainsi, le collectif national n'a pas de statut juridique et les décisions sont le produit de consensus et ne sont pas mises au vote[59]. Les porte-parole du mouvement, à l'origine de sa création, sont Claire Villiers, ancienne militante de la Jeunesse ouvrière chrétienne et responsable à la CFDT-ANPE, et Christophe Aguiton, issu du secteur jeunes de la LCR et animateur de Sud-PTT.

Les actions ont un rôle clé dans la constitution d'un socle unitaire ; et la première initiative est l'organisation d'une « marche contre le chômage et l'exclusion ». La plate-forme repose sur trois revendications principales : réduction du temps de travail avec « une modification significative des richesses et de la hiérarchie des revenus », mesures d'urgence contre l'exclusion (gratuité des transports pour les chômeurs et précaires notamment), et refus des licenciements et de la précarité du travail. D'emblée, AC ! se veut donc une force de transformation sociale globale et n'appuie pas son action revendicative sur les problèmes quotidiens des chômeurs. Le sous-titre de l'appel qui a initié AC ! témoigne de l'ambition du mouvement et indique qu'il entend s'installer dans la durée : « Mobilisation pour l'abolition du chômage. »

La campagne de AC ! s'appuie de manière centrale sur la marche, et à celle de 1994 succédera l'organisation de marches européennes qui convergent à Amsterdam au mois de juin 1997. Cela indique un mode d'action privilégié, mais pas exclusif : alerter l'opinion et mobiliser pour d'autres manières de lutter contre le chômage afin de le supprimer, en passant par des actions spectaculaires demandant une organisation très lourde. La marche de 1994 se déroule sur plus d'un mois : cinq marches (parties de Brest, Carmaux, Lille, Narbonne et Strasbourg) traversent le pays en direction de la capitale. 150 marcheurs permanents y participent, accompagnés chaque jour par des marcheurs occasionnels. Au total, 10 000 personnes ont participé à ces cortèges, et 250 collectifs locaux se sont constitués pour accueillir les marcheurs dans les villes-étapes : assurer l'hébergement et la restauration (avec le soutien fréquent des municipalités), organiser des manifestations de rue et des rencontres avec des élus locaux ou des syndicalistes. La participation aux meetings et défilés fut très variable, et globalement « la mobilisation fut faible[60] ». Pourtant, la manifestation nationale, le 28 mai à Paris, est un succès par son retentissement et le nombre des chômeurs qui y participent : « Les chômeurs représentent la moitié des manifestants venus de province[61]. » Mais du côté syndical, les confédérations sont absentes, FO et la CFDT s'opposant nettement à cette action, et finalement, seuls les syndicats de branches qui sont investis dans AC! depuis le début se mobilisent.

De fait, cette première action d'envergure contribue à modifier la composition sociologique des militants et participants au mouvement AC!. Lancée par des syndicalistes qui sont rejoints par des intellectuels et des organisations d'obédiences diverses, l'initiative cherche à provoquer une synergie autour de l'enjeu du chômage, tout en s'appuyant sur des mobilisations préalables. Les militants (associatifs, politiques, syndicaux) y ont un poids important. Ainsi, la marche était conçue comme un passage de relais entre militants et sympathisants, mais elle a été alimentée, de manière inattendue pour les organisateurs, par un afflux de chômeurs, inorganisés pour les uns, affiliés à des associations locales pour les autres. De mosaïque syndicale et associative, la marche est devenue le reflet de la fragmentation du monde du chômage et de la précarité : s'y sont côtoyés des chômeurs en fin de droits, des jeunes désespérés de trouver un jour un emploi, des sans-domicile-fixe, des syndicalistes, des préretraités[62]... Surtout, les marcheurs permanents, qui sont beaucoup plus nombreux que prévu et sont généralement sans emploi et parfois sans logement, acquièrent, du fait de la force de leur engagement, un poids symbolique croissant. Cette modification de la population participant à la marche conduit à une inflexion des revendications : le thème de la lutte contre les licenciements et la précarité du travail s'estompe, et si la réduction du temps de travail demeure une référence, la réclamation de mesures d'urgence pour les chômeurs acquiert une place centrale.

Luttes ciblées et objectifs généraux

La participation significative de chômeurs a provoqué l'irruption de l'urgence des problèmes auxquels ils sont confrontés. Le mouvement AC! a été rapidement pris en tension entre la proclamation d'objectifs à long terme, tel que l'abolition du chômage, et la prise en compte de la condition quotidienne de chômeur, avec les difficultés de survie qu'elle contient pour une fraction importante de la population privée d'emploi.

Le registre référentiel initial qui inscrit les luttes dans l'objectif de retour au plein emploi est maintenu, mais il apparaît peu à peu insuffisant, d'autant que sur ce terrain, AC! n'obtient guère de succès. Ainsi, le mouvement ne parvient pas à peser sur le débat social pour la mise en œuvre de la réduction du temps de travail : si Gilles de Robien, député-maire d'Amiens s'engage en faveur de la réduction du temps de travail au cours d'un débat télévisé consacré à la marche, AC! n'a pu contribuer à l'élaboration de la loi qui en sortira. De même, la participation de AC! aux manifestations de novembre-décembre 1995 contre la réforme de la protection sociale (avec comme mot d'ordre : « protection sociale pour tous et toutes, mutuelles, accès aux soins ») ne débouche pas sur une invitation à la table des négociations. Pour Claire Villiers, c'est « un vrai échec, quand même, ce mouvement de fin 1995 : la question de l'emploi, de la lutte contre le chômage, qui est intimement liée à celle de la protection sociale, s'est résumée au "sommet social" dont les conclusions sont exactement l'inverse de ce que le mouvement a porté[63] ».

Aussi, sous l'impulsion du collectif national de AC! ou à l'initiative de collectifs locaux demeurés actifs dans une cinquantaine de villes, le répertoire d'actions est-il rééquilibré en faveur de luttes ciblées, temporaires, et articulées à la vie quotidienne des chômeurs. Sur le terrain de l'emploi, une campagne de « réquisitions d'emplois » est organisée durant l'hiver 1995-1996, sur le modèle des réquisitions de logements vacants promu par le DAL. Il s'agit, en présence de journalistes de la télévision ou de la presse écrite, de forcer la porte d'entreprises dans lesquelles des emplois vacants ont été repérés grâce à la complicité de syndicalistes, et de présenter des CV de chômeurs à la direction : « "Dans ce service, il vous manque trois personnes. Pourquoi vous n'embauchez pas?" Embarras garanti pour l'entreprise. Et impact médiatique assuré[64]. » Mais quand le DAL parvient à installer des familles mal ou non logées dans des immeubles vacants, AC! ne peut réaliser l'embauche : son action se limite à la prise en considération des CV mais elle ne débouche pas sur des résultats concrets. L'obligation de résultats ne peut être intégrée dans ces luttes pour l'emploi, ce qui explique sans doute que les entreprises ne soient pas constituées comme cible par les organisations de chômeurs, contrairement aux ASSEDIC, par exemple, face auxquelles l'utilisation des fonds sociaux peut être obtenue, comme le montre l'action de l'APEIS.

Des collectifs locaux engagent donc des actions à objectifs limités sur d'autres terrains que l'emploi : la gratuité des transports est obtenue dans plusieurs villes, des maisons de chômeurs sont ouvertes qui dispensent des conseils juridiques, des actions anti-expulsions se multiplient... Cette évolution du répertoire d'actions, et plus encore des cibles des luttes au nom de l'urgence, s'explique aussi par la difficulté à mobiliser les salariés des entreprises et les grandes organisations syndicales autour des perspectives défendues par AC!. Certains syndicalistes actifs dans le mouvement s'inquiètent même de ce qu'ils perçoivent comme une dérive qui risque d'entraîner la transformation de AC! en « simple organisation de chômeurs » : « AC! a-t-il intégré le chômage comme inéluctable, et se contente-t-il alors d'être une association revendicative de solidarité avec les chômeurs dont l'ambition est d'obtenir des mesures d'urgence pour humaniser le chômage ? » s'interroge Claude Debons de la FGTE-CFDT et un des fondateurs de AC![65].

Dans un collectif cherchant à réunir chômeurs et salariés, ces tensions sont permanentes et les actions conduites répondent à des rééquilibrages perpétuels entre les orientations à long terme qui visent le retour du plein emploi et les actions à court terme qui visent à répondre aux situations d'urgence dans lesquelles des chômeurs se débattent. L'émergence de la notion de « sans-droits », au cours des Assises de l'exclusion organisées durant l'hiver 1995-1996, représente une tentative pour articuler ces deux pôles, en fédérant dans une perspective commune actions pour l'emploi et actions d'urgence sociale. Se développe alors une grammaire des « sans » : sans-emploi, sans-logis, sans revenu, sans protection sociale..., à laquelle répond la revendication des « droits à » : à un emploi, à un logement, à un revenu, à la santé...

Cette nouvelle formulation de la question

sociale permet de combiner la revendication, centrale dans AC!, pour l'emploi et la revendication d'une amélioration de la situation des chômeurs ; elle permet aussi d'articuler des sensibilités différentes qui traversent AC!, certaines orientées vers l'affirmation du droit à l'emploi et d'autres vers la conquête d'un revenu d'existence (« un emploi, c'est un droit », « un revenu, c'est un dû » seront deux mots d'ordre très présents lors des manifestations de décembre 1997 et janvier 1998) ; elle permet de trouver un nouvel équilibre entre la condition salariale et la condition de chômeur. Claire Villiers le résume ainsi : « Il s'agit de gagner des droits. A travers l'action collective et revendicative, collectivement, chômeurs et salariés disent : nous ne voulons plus d'assistance, nous voulons des droits. Il n'y a pas de citoyenneté sans droits. » L'organisation des marches européennes contre le chômage, sur le modèle de la marche nationale de 1994, qui convergent à Amsterdam le 14 juin 1997, s'appuie sur cette orientation : l'appel de Florence lancé en juin 1996 se veut un texte radical qui dénonce tant le chômage que ses conséquences[66].

Au sein de AC!, la tension est permanente entre revendications sur la vie quotidienne des chômeurs et revendications globales contre le chômage. Sur ce deuxième registre, AC! a acquis une visibilité qu'aucune organisation de chômeurs n'avait obtenue auparavant, pas même le Syndicat des chômeurs qui avait pourtant privilégié une stratégie médiatique. La permanence de cette tension et le souci d'associer chômeurs et salariés dessinent l'objectif du mouvement AC! : « reconstruire à la base et sur le long terme un tissu de solidarités et d'actions communes aux chômeurs et aux salariés », avec la perspective de développer des « maisons de la solidarité » sur le modèle « des Bourses du travail telles qu'elles existaient à la fin du XIXe siècle [67] ».

Conclusion : une action collective résistante

Les organisations de chômeurs sont plurielles, et leur diversité résulte de dynamiques singulières de mobilisation et d'engagement. Néanmoins, chacune de ces organisations s'inscrit dans une tension qui apparaît comme une caractéristique majeure de l'action collective des chômeurs : une tension entre aide quotidienne et action politique, entre services rendus et revendications, entre urgence et long terme. Chaque réseau occupe une position spécifique entre ces deux pôles, construite au cours de son histoire. Les comités CGT ont été initiés sur la bataille pour l'emploi et la critique contre l'économie capitaliste, puis ont progressivement intégré les problèmes quotidiens des chômeurs dans leurs actions. Le Syndicat des chômeurs a d'emblée situé son action sur un plan global et politique avant de développer des « maisons de chômeurs », puis de se replier sur l'organisation de débats d'idées. Le MNCP a privilégié les actions locales d'entraide, qui ont servi ensuite de base pour formuler des revendications plus globales. Dès son lancement, l'APEIS a tenté d'imbriquer les deux registres en se centrant sur des objectifs concrets qui remettaient en cause le système d'indemnisation et le traitement réservé aux chômeurs. AC! a développé une action politique réclamant l'abolition du chômage, puis a pris progressivement en compte des objectifs plus précis liés aux difficiles conditions de vie, et de survie, des chômeurs.

Ce type de tensions est fréquent dans la mobilisation des groupes sociaux, et l'on sait que l'un des déterminants de l'engagement est la distribution, par l'organisation, d'incitations sélectives à ses adhérents, qu'il s'agisse de gains pouvant être ramenés à des équivalents monétaires (avantages matériels, attributs statutaires, positions valorisées) ou d'une intégration sociale plus diffuse[68]. A cet égard, les collectifs de chômeurs ont un rôle indéniable de rupture de l'isolement. Mais, de manière plus spécifique à l'action collective des chômeurs, cette tension entre actions immédiates et revendications globales a une autre signification : elle représente une mise en adéquation de l'action collective à l'univers des significations attribuées à la condition de chômeur. D'un côté, en effet, cette condition devient progressivement invivable à mesure que la durée de chômage se prolonge, que se raréfient les ressources monétaires, que les perspectives d'obtenir un emploi se lézardent et que l'avenir se bouche. En ce sens, le chômage, dans ses manifestations contemporaines, appelle une inscription de l'action dans l'urgence et l'immédiateté. D'un autre côté, la condition de chômeur demeure provisoire même quand elle s'éternise, et les chômeurs continuent à aspirer à l'emploi, de sorte que l'action collective doit être orientée vers la sortie du chômage et la fin de cette mutilation sociale. Ainsi, cette tension apparaît comme un moyen, que chaque organisation a construit en fonction de sa propre dynamique, de prendre en compte les paradoxes de la condition moderne de chômeur : il faut à la fois lutter pour la disparition du chômage et lutter pour la défense des intérêts des chômeurs. Force est de constater que, de ce point de vue, les résultats obtenus sont inégaux et contrastés. Les actions collectives ont permis d'améliorer certaines situations individuelles (obtention d'aides d'urgence, traitement de dossiers d'indemnisation en panne, intégration dans des collectifs) ou de conquérir des droits collectifs, même s'ils sont souvent limités et locaux (gratuité des transports dans une agglomération). Mais elle n'a pas véritablement permis de peser sur le système social (sur la politique de l'emploi, sur les règles d'indemnisation) et n'a pas débouché sur une représentation institutionnalisée et officielle des chômeurs.

La mobilisation des chômeurs est une difficulté transversale à toutes les tentatives de regroupement, car celles-ci n'ont pas produit d'organisations puissantes et n'ont pas entrainé de manifestations publiques massives. Pourtant, les organisations de chômeurs sont parvenues à réaliser un travail politique de constitution de cadres et de militants qui ont des capacités d'organiser l'action collective et de mobiliser, au moins ponctuellement, un nombre non négligeable de chômeurs. De fait, les chômeurs se sont installés dans la société française, non pas comme de simples surplus, mais comme des acteurs collectifs. Cette résistance collective à un chômage de masse n'apporte pas de réponse sur le terrain de l'emploi, mais elle soulève bien la question du devenir de la société salariale et de son socle fondamental qu'est l'emploi. Ce sont ces enjeux que nous pouvons examiner maintenant.

V

Les enjeux de l'action collective des chômeurs

> « Voilà. Dimanche, la fête à la Bourse du travail a une pêche d'enfer. Depuis, on nous demande de raconter. Du vécu ! De la presse locale aux revues trimestrielles, du vécu ! [...] Mais imagine-t-on un reportage sur le vécu du patronat [...]. Un chômeur, ça n'est pas que du vécu, c'est aussi une pensée collective, un discours collectif, une action collective. Le vécu, mon cul. »
>
> (Robert Crémieux, « Journal d'une occupation », *Chimères*, n° 33, printemps 1998, p. 49-50.)

L'organisation et l'action collectives des chômeurs ont pour objet la défense des intérêts de toutes les personnes privées d'emploi. D'une certaine manière, cette mobilisation est comparable à de nombreuses initiatives ou institutions qui sont également orientées vers l'amélioration des conditions d'existence des chômeurs : les segments de l'administration en charge du traitement du chômage et leurs agents qui reçoivent et orientent les demandeurs d'emploi, les mouvements caritatifs qui distribuent des aides matérielles et leurs bénévoles qui dispensent du réconfort moral aux plus démunis, etc.

Toutefois, les organisations de chômeurs ne fonctionnent pas comme des guichets face auxquels le chômeur est considéré comme ayant droit (ou non-ayant droit) dans un rapport individualisé avec un agent, mais plutôt comme des groupes de pairs où se forment des collectifs d'acteurs qui échangent et prennent des initiatives concertées en vue d'atteindre des objectifs communs. C'est là une différence fondamentale, car cela signifie que l'action collective est le vecteur de la constitution des chômeurs en groupe social, qu'elle est le lieu de la formation de solidarités, qu'elle est un espace de création d'une cohésion sociale. Par ces activités collectives, les chômeurs cessent d'être les destinataires d'actions conduites par autrui ou les cibles d'interventions extérieures; ils prennent des initiatives et deviennent des acteurs à part entière, des « membres » reconnus par les autres. Ordinairement réduits à un agrégat statistique, des cas individuels ou une catégorie de statut, ils prennent ainsi rang dans la société.

L'expression directe, publique et collective des chômeurs rend visible une part d'ombre, en déchirant le voile de honte qui réduit les chômeurs au silence et en installant sous les projecteurs une population inférioriséée qui, à ce titre, n'a pas droit à la parole. Par là, elle déstabilise les cadres sociaux et les systèmes de représentations qui réduisent les chômeurs à des demandeurs d'emploi et les assignent à l'effort individuel. Les coalitions de chômeurs ne sont, en général, pas perçues comme un surcroît de cohésion sociale alors qu'elles manifestent pourtant une résistance à la désaffiliation. Si la politique de l'emploi ou les mobilisations humanitaires sont constituées comme des formes légitimes de lutte contre l'exclusion, la mobilisation des chômeurs est souvent interprétée comme une menace, en particulier parce qu'elle véhicule des revendications jugées exorbitantes.

De fait, les luttes des chômeurs pointent des carences collectives, et montrent une incapacité à garantir les droits élémentaires que sont le droit à un emploi, le droit à un revenu, quand ce n'est pas le droit à un logement. Elles ne concernent pas seulement le sort et les conditions de vie des chômeurs mais désignent aussi des enjeux sociétaux plus globaux : quelle place est réservée aux chômeurs dans une société salariale ; le chômage peut-il être un état durable ou permanent dans la vie d'un individu ; l'emploi doit-il demeurer le socle principal pour la définition des statuts ?

L'action collective des chômeurs a en elle-même une radicalité dont est dépourvue la mobilisation d'autres catégories de populations, comme les membres de corps ou de groupes professionnels. Il est admis que les agriculteurs se tournent vers l'Etat pour obtenir des compensations à leurs mauvaises récoltes, que les infirmières se mettent en grève pour réclamer de meilleures conditions de travail, que des travailleurs luttent pour empêcher les licenciements prévus par la direction de l'entreprise, que des enseignants engagent un bras de fer avec le ministre de l'Education nationale pour obtenir des postes supplémentaires, que des étudiants défilent dans les rues pour protester contre la dégradation de l'insertion professionnelle... Ces revendications peuvent susciter l'adhésion ou la critique, le soutien ou le rejet, mais le fait même que ces groupes se mobilisent est admis.

Car chacune de ces catégories de population est considérée comme une composante à part entière de la société, ayant à ce titre le droit d'expression, d'organisation, et dans la plupart des cas de représentation, à travers des dispositifs juridiques idoines. Il en va tout autrement pour les chômeurs, non seulement parce qu'ils ne sont pas insérés dans des systèmes institués de représentation[1], mais surtout parce que leur regroupement en coalitions revendicatives est contradictoire avec leur statut dans la société, avec les comportements que l'on peut normalement attendre d'eux[2]. En se regroupant et en se constituant en groupe de pression, les chômeurs enfreignent les règles qui définissent leur statut, ils ont un comportement déviant.

C'est d'abord parce qu'elle se pose contre la place qui est assignée aux chômeurs que leur action organisée apparaît radicale. C'est aussi parce qu'elle s'attaque au cœur même de la société salariale en mettant en question la relation emploi-revenu ou les principes de distribution des emplois. En ce sens, l'action collective des chômeurs est porteuse d'une interrogation sociopolitique particulièrement violente : peut-on vivre sans emploi et comment; l'emploi est-il la mesure de toute valeur sociale... ? C'est cette radicalité que nous allons explorer.

L'emploi et le revenu, des relations dialectiques

« Un emploi c'est un droit. Un revenu c'est un dû. » Ces deux revendications ont progressivement émergé des luttes des chômeurs au cours de l'hiver 1997-1998. Elles ont fleuri sur les affiches que les occupants des antennes ASSEDIC fixaient sur les murs, elles ont orné les pancartes et banderoles brandies par les manifestants qui défilaient dans les rues de nombreuses villes, elles ont formé un mot d'ordre unitaire qui a rassemblé toutes les organisations engagées dans l'action. Comment interpréter ce slogan, quelle est sa signification ? S'agissait-il de réclamer un emploi pour tout chômeur, et, simultanément, un revenu pour tous, dans l'attente d'un retour au plein emploi ? Autrement dit, la première revendication s'inscrit-elle dans le long ou moyen terme tandis que la seconde vise le présent immédiat ?

A première vue, la revendication d'un droit au revenu semble une évidence, puisque grossit une population paupérisée pour qui la privation d'emploi ne signifie pas seulement absence de salaire, mais aussi absence d'allocation de chômage, ou exclusion du système d'indemnisation quand la durée passée en chômage s'allonge, ou encore insuffisance de ressources compte tenu du faible montant de l'allocation spécifique de solidarité. Une évidence parce que la crise de l'emploi a engendré une pauvreté visible sous la figure du « SDF », du vendeur de la presse de rue, du marginal qui fait la manche... Une évidence parce que le chômage se transforme en pauvreté, une pauvreté que les médiatiques « Restos du Cœur » et autres campagnes humanitaires ne suffisent à effacer.

Evidente, la revendication d'un revenu est trop évidente ; car la vision misérabiliste dominante laisse dans l'ombre le fait que c'est le rapport entre emploi et revenu qui est posé derrière cette évidence. C'est d'ailleurs ce que révèle la réponse du Premier ministre aux organisations de chômeurs : le refus de satisfaire la revendication d'une augmentation significative des « minima sociaux » a été argumenté par un discours de la rigueur et de l'équilibre budgétaire, mais aussi, et surtout, par l'affirmation de l'attachement à « une société du travail » par rapport à « une société de l'assistance ». De fait, la revendication d'un revenu pour tous pose le problème des relations entre détention d'un emploi et distribution des revenus, et interroge par conséquent les fondements de la société salariale.

Aides d'urgence et minima sociaux

La revalorisation des ressources distribuées aux chômeurs et l'amélioration de leurs conditions matérielles de vie sont au cœur des actions engagées par les chômeurs. On se souvient que la paupérisation d'une partie des chômeurs, en particulier ceux qui n'ont plus de droit à l'indemnisation (les fins de droit) ou qui ne perçoivent que de faibles allocations, est à l'origine de la mobilisation de l'hiver 1997-1998 : l'affrontement avec les ASSEDIC a pour enjeu l'utilisation des fonds sociaux et l'octroi d'aides exceptionnelles (formulé au départ en termes de « prime de Noël » par les comités CGT des Bouches-du-Rhône). Ce n'est qu'ensuite qu'a émergé la revendication d'une augmentation des minima sociaux. Mais il y a une différence sensible entre ces deux thèmes : le premier est limité à la réclamation d'une aide ponctuelle répondant à des situations d'urgence, tandis que le second étend la revendication à un revenu « décent » pour tous. Le premier s'inscrit dans les équilibres actuels du système de redistribution et de protection sociale, tandis que le second en déstabilise les fondements.

Le principe de la redistribution d'un revenu déconnecté de l'emploi et se substituant au salaire procuré par le travail rémunéré est inscrit depuis longtemps dans les mécanismes de la protection sociale. On connaît la mise en place du Revenu minimum d'insertion, mais des dispositifs de garantie de ressources, ciblés sur des catégories particulières de population, lui préexistent, destinés à venir en aide aux « laissés-pour-compte » du progrès et aux « exclus » de l'expansion[3] : Allocation parent isolé, Allocation pour adulte handicapé, Minimum vieillesse... L'accumulation de ces dispositifs étatiques scande la formation progressive d'un consensus exprimé en termes de redistribution d'un minimum de ressources; optique clairement formulée lors de la mobilisation des chômeurs de l'hiver 1997-1998 sous l'expression de « minima sociaux », qui signale bien le caractère humanitaire de mesures substitutives au fonctionnement « normal » de l'économie.

Si le RMI s'est imposé sur le principe d'une nécessaire solidarité face aux dégâts de la crise de l'emploi, il n'est nullement un droit individuel et inaliénable à un revenu. Son octroi est assorti d'un ensemble de conditions restrictives : limitation dans le temps, attribution en fonction des revenus du ménage, exclusion des jeunes âgés de moins de vingt-cinq ans, contrepartie sous la forme d'un projet d'insertion. Ces restrictions, auxquelles il faut ajouter la fixation d'un niveau d'allocation peu élevé, ont été argumentées pendant les débats parlementaires précédant le vote de la loi, par la défense du droit à l'emploi, la volonté de ne pas encourager l'assistanat et de contrecarrer les risques de désincitation au travail[4]. Le dispositif finalement voté est donc fortement décalé par rapport aux revendications des organisations de chômeurs, qui demandaient un « revenu pour tous », d'un montant supérieur et attribué aux individus : « Les chômeurs ne sont ni des clochards, ni des mendiants. Ils ne sollicitent pas l'aumône. A défaut d'un emploi classique normalement rémunéré, ils exigent des moyens d'existence leur permettant de vivre décemment. [...] Ils demandent notamment l'instauration d'urgence d'un revenu social garanti égal, pour une personne seule, aux deux tiers du SMIC[5]. »

A travers les fonds sociaux, l'aide d'urgence est prévue et institutionnalisée. Seule l'application de ce principe est insuffisante, ce qui a provoqué la protestation de chômeurs. Et la pression rituelle des comités CGT de chômeurs des Bouches-du-Rhône débouchait invariablement sur la concession d'aides exceptionnelles. Celle-ci n'est, sur le fond, pas très éloignée de l'attribution d'aides en nature, organisée par les bureaux d'aide sociale des collectivités locales ou par les réseaux caritatifs : il s'agit de porter secours aux plus démunis et d'octroyer un soutien limité aux plus nécessiteux. Si ces subsides sont parfois distribués aux mêmes personnes de façon régulière et répétée (par exemple à celles qui fréquentent chaque semaine la banque alimentaire), ils ne sont qu'un secours ponctuel qui ne transforme pas la situation des bénéficiaires.

Il en est tout autrement avec la perspective, demandée par les organisations de chômeurs, d'une augmentation de 1 500 francs des minima sociaux. Elle signifie en effet un accroissement significatif et permanent des ressources de tous ceux qui perçoivent ces minima sociaux. Surtout, elle diminue les écarts entre les revenus issus de la protection sociale et les revenus salariaux les plus faibles : revalorisés dans ces proportions, les minima sociaux avoisineraient 75 à 80 % du salaire minimum, et excéderaient le niveau de rémunération de nombre d'emplois à temps partiel. La revendication d'un revenu « décent » pour tous vise à améliorer les conditions de vie des plus pauvres, mais elle met également à l'épreuve la relation emploi-revenu, et risque par là même de transformer durablement la place des sans-emploi dans la société.

Un revenu « décent » pour tous

Il importe donc de mieux comprendre le sens de la revendication des organisations de chômeurs sur la question du revenu. Demander le droit à un revenu pour chacun, c'est dépasser la logique des aides plus ou moins ponctuelles, toujours conditionnelles, et d'un faible montant financier. Mais s'agit-il aussi de défendre le principe d'une déconnexion du revenu par rapport à l'emploi, et, ce faisant, de prôner une organisation sociale et économique fondée sur de toutes autres bases que la société salariale? Pour comprendre cette exigence du droit au revenu, il faut explorer les revendications de chaque organisation de chômeurs sur la question des revenus des chômeurs. Chacune a en effet une position spécifique, et le mot d'ordre unitaire de l'augmentation de 1 500 francs des minima sociaux n'a pas effacé les différences : 80 % du SMIC revendiqué, à 8 500 francs bruts, pour les comités CGT (soit un peu moins de 6 000 francs nets), 4 000 francs pour l'APEIS, 75 % du SMIC pour le MNCP (soit un peu moins de 4 000 francs), le SMIC pour AC! (soit la somme de 5 300 francs).

Ce sont les comités CGT qui ont les exigences les plus élevées, tout en maintenant un écart entre les revenus planchers des chômeurs d'une part, des salariés d'autre part. Le SMIC revendiqué par la

CGT sert de référence et le seuil de 80 % est argumenté au nom du réalisme : « De mon point de vue personnel, il n'y aurait rien d'indécent à demander le SMIC pour les chômeurs. [...] Mais si l'état d'esprit des salariés est de refuser majoritairement le SMIC, il vaut mieux maintenir la notion de 80 %. Pour ne pas opposer les salariés aux chômeurs[6]. » Le revenu demandé pour tous les chômeurs est conçu, d'une part, comme une compensation à une privation d'emploi qu'ils n'ont pas choisie mais, au contraire, qu'ils subissent malgré eux, et d'autre part, comme une rétribution pour l'activité de recherche d'emploi fixée par la réglementation, qui oblige le chômeur à consacrer l'essentiel de son temps à la prospection du marché du travail. C'est dire que ce revenu n'est pas défini comme une alternative à la condition salariale ; il en constitue à la fois le prolongement et l'anticipation. Il est envisagé comme l'indemnisation d'un préjudice et non comme un mécanisme d'assistance en direction des plus démunis. En attestent les réticences des comités CGT face à l'expression « minima sociaux », et la revendication d'asseoir son financement sur les cotisations patronales et non sur l'impôt.

La revendication d'un revenu minimum de 4 000 francs portée par l'APEIS s'enracine dans les luttes conduites par celle-ci depuis sa création en vue d'améliorer les conditions d'indemnisation des chômeurs. Le droit au revenu est une réplique à la dégradation des allocations de chômage alors même que cette question est au cœur des combats de l'APEIS. Ce revenu est à la fois une réponse à une détresse économique qui gagne du terrain chez les chômeurs et un signe d'appartenance à la communauté des travailleurs. Il n'est pas non plus défini comme une ressource autorisant des stratégies de retrait du marché du travail, mais plutôt comme un moyen de résister à la précarisation des emplois et à la faiblesse de la rémunération des emplois à temps partiel. Il ne s'agit pas de récuser le travail, mais de pouvoir refuser certains emplois, jugés mal rémunérés. Quant au niveau du revenu exigé, il est argumenté par le pragmatisme jugé indispensable pour forger des perspectives crédibles et réalistes : « Il faut à la fois dire ce qui serait juste et souhaitable, mais aussi partir du réel. Pour être juste et mobiliser. Nous sommes très attentifs à cela [7]. »

Le Mouvement national des chômeurs et précaires revendique un relèvement des revenus des chômeurs jusqu'à un plancher égal à 75 % du SMIC. Le SMIC apparaît comme une barrière infranchissable, y compris pour les membres du mouvement qui ont fixé ce seuil lors d'un congrès : « Ce seraient plutôt les chômeurs qui seraient culpabilisés de demander le SMIC. Il est paradoxal que ce sont ceux qui avaient plutôt la meilleure situation qui proposaient le SMIC. Et ceux qui sont en difficulté qui proposaient en dessous [8]. » L'alignement du revenu minimal pour les chômeurs sur le salaire minimum ne rencontrerait pas seulement les réticences des salariés, mais aussi celles des chômeurs : à l'infériorité de la position doit correspondre un revenu plus faible, la différence dans le niveau de revenu redouble la dévalorisation statutaire. Augmentation significative du revenu minimum et maintien d'une différence sensible avec le salaire minimum ; cette position est considérée comme réaliste et domine dans les organisations de chômeurs.

AC! est la seule organisation à réclamer pour les chômeurs un revenu égal au SMIC. Une augmentation de 1 500 francs des minima sociaux apparaît comme un premier pas vers un objectif qui est aujourd'hui heurtant et choquant : « Les revendications prennent acte du niveau de conscience, en régression aujourd'hui, à savoir qu'on ne peut revendiquer pour ceux qui n'ont pas de boulot la même chose que pour ceux qui en ont un. [...] Sur ces questions de salaire et de travail, nous sommes tributaires de deux millénaires de judéo-christianisme, et c'est intégré par tout le monde. Il y a une vraie culpabilisation dans l'inconscient collectif : si on n'a pas de boulot on n'a pas le droit, en quelque sorte, d'avoir autant[9]. »

Le mot d'ordre de AC! s'appuie sur un raisonnement visant à prendre en compte ce dont les gens ont besoin pour vivre plutôt que ce qui est socialement acceptable. Mais il est aussi le résultat d'un compromis entre des courants divergents au sein du mouvement sur la question du droit au revenu. Pour les uns, le revenu des chômeurs est une réparation provisoire de la privation d'emploi qui doit permettre de vivre en attendant d'obtenir un emploi, tout en échappant aux formes atypiques de salariat (temps partiel, contrats courts...). Le revenu est alors un moyen d'accéder, à l'avenir, à un emploi typique, et une manière d'être inséré, dans l'immédiat, au sein du salariat. D'autres préconisent une déconnexion entre revenu et emploi et défendent l'idée d'un revenu d'existence équivalent au SMIC au nom de nouveaux modes de répartition des richesses. Ils sont regroupés au sein de CARGO, mouvement d'inspiration libertaire ou autonome qui voit dans la revendication d'un « revenu garanti » le moyen de sortir du désespoir et un pas vers le dépérissement du salariat[10].

Droit au revenu et société salariale

Par le droit au revenu, les organisations de chômeurs posent la question de l'évolution de la société salariale, qui est aussi une société du chômage de masse : faut-il promouvoir une perspective d'abolition du salariat, ou bien rechercher un retour vers le plein emploi ? Les exigences formulées en matière de revenu n'alimentent guère la première option, puisque ce revenu est généralement défini comme un revenu d'attente, et d'un niveau inférieur au salaire minimum. La revendication d'un revenu équivalent au SMIC peut d'ailleurs être interprétée de manière contradictoire : s'agit-il d'affirmer avec une force accrue que les chômeurs constituent une force de travail, ou bien s'agit-il de déconnecter le revenu de tout travail particulier, voire de tout emploi ? Les positions convergent pour affirmer le droit de chacun à travailler tout en demandant un revenu sans contrepartie, garanti. Progressivement, l'affirmation s'est dégagée que la garantie de revenu est la contrepartie due par la société aux individus à qui elle n'est pas en mesure de fournir un travail rémunéré. La référence systématiquement faite au préambule de la Constitution de 1946 et de 1958 est univoque sur ce point : « Tout être humain [...] qui se trouve dans l'incapacité de travailler a le droit d'obtenir de la collectivité des moyens d'existence convenables. » La revendication ne se réduit donc pas à un appel à la solidarité en faveur des chômeurs, elle formule à l'adresse de l'Etat un droit à une compensation à l'absence de salaire, un droit à un revenu détaché de toute obligation de travailler puisqu'il est censé réparer la privation d'emploi. Si la réparation de ce préjudice est inaliénable, le dommage subi est considéré comme temporaire : l'accès à l'emploi est la perspective visée, et l'emploi demeure la situation de référence, la norme en matière de statut.

Néanmoins, un courant, minoritaire, préconise une garantie de revenu comme alternative durable au plein emploi, voire comme socle d'un nouveau modèle de société où la place du travail rémunéré serait relativisée et réduite. Cette perspective, qui relaie les références à la « fin du travail », semble surtout portée par de jeunes militants qui se représentent leur avenir comme une alternance sans fin de chômage récurrent et d'emplois précaires :

> Je dis que les jeunes sont condamnés à survivre avec un petit boulot de temps en temps et quand tu as fini, on te jette. C'est ça la réalité que je vis. Travailler à faire n'importe quoi quand c'est possible, et la porte quand le patron le décide. Comment tu vas sortir de ça, la surexploitation des jeunes ? Il y a de moins en moins de travail. Voilà

le problème, enfin, pour moi, je pense pas que c'est un problème, le problème c'est que j'ai pas de moyens de vivre. C'est pour ça que je milite pour un revenu universel, un revenu que tu peux vivre sans travailler[11].

Ces prises de position sont probablement renforcées par l'exclusion des jeunes âgés de moins de 25 ans du RMI, et par le fait que les règles d'accès aux droits aux allocations chômage pénalisent les détenteurs de contrats de courte durée. Mais les enquêtes menées auprès de jeunes chômeurs n'ont pas, jusqu'ici, démontré une progression significative de ce point de vue. La forte vulnérabilité des jeunes au chômage, les difficultés qu'ils éprouvent pour obtenir un emploi stable, et la paupérisation qu'ils subissent, ne semblent pas conduire à une banalisation de l'expérience du chômage et à une contestation de l'idéologie du travail, même si la menace de la précarité et du déclassement engendre désillusion et désappointement collectifs[12].

D'autre part, c'est parmi les chômeurs les plus âgés que l'on peut repérer la combinaison d'aspirations à une garantie de ressources et d'un renoncement à un emploi. Cette revendication s'appuie sur l'anticipation d'un avenir bouché et sans perspective. Elle est relayée par des dispositions juridiques qui prévoient des garanties de ressources jusqu'à l'entrée dans le système des retraites pour certains travailleurs âgés, licenciés économiques, et pour les chômeurs les plus âgés qui renoncent à rechercher un emploi. Elle est répercutée également par certaines associations de chômeurs qui réclament un revenu garanti et sans condition pour les chômeurs âgés de 55 ans et plus[13]. Mais pour la catégorie des chômeurs les plus âgés, la garantie de ressources ne procède pas d'une critique du salariat; elle trouve au contraire sa légitimité dans le salariat, puisque c'est le passé professionnel de chômeurs en fin de vie active qui sert à justifier cette revendication, qui s'apparente, de fait, à une retraite anticipée[14]. Le thème du droit au revenu révèle ainsi l'hétérogénéité des situations et trajectoires des chômeurs, et s'il est unificateur, c'est en écho à la dégradation des conditions de vie d'un nombre croissant de chômeurs. En ce sens, il apparaît surtout comme une revendication articulée au droit à l'emploi.

Droit à l'emploi, chômage et salariat

Au cours de l'hiver 1997-1998, les organisations de chômeurs ont déplacé sur la scène publique un débat qui mobilisait surtout des intellectuels et des militants : le travail (notamment sous la forme de l'emploi salarié) doit-il rester central dans la société contemporaine, ou bien d'autres formes d'intégration sociale doivent-elles s'y substituer; faut-il défendre le plein emploi et lutter pour sa restauration, ou accompagner une mutation inéluctable qui conduit à la fin du travail ? La revendication du droit à l'emploi est un point commun aux différentes organisations de chômeurs. Rien d'étonnant à cela, puisque toutes se définissent à partir de la situation de chômage (et non de la pauvreté ou de l'exclusion par exemple), c'est-à-dire à partir d'une catégorie indissociable de l'emploi, de l'anticipation d'un futur qui est l'emploi.

Toutefois, de nettes différences apparaissent quand il s'agit de définir le contenu du droit à l'emploi et de l'inscrire dans le temps et par conséquent dans l'action revendicative de chaque organisation : le plein emploi est-il possible et dans quelles conditions? Cette question renvoie aussi, et peut-être surtout à des conceptions divergentes de ce qu'est un chômeur : un travailleur virtuel momentanément sans emploi, une personne qui a peu de chances d'obtenir un emploi à court terme, un salarié qui traverse une période de précarité...? La question du droit à l'emploi est en effet indissociable de l'éclatement des formes de chômage, qui se réduisent de moins en moins à une privation temporaire et provisoire d'emploi : les durées passées en chômage s'allongent, les perspectives de sortie vers l'emploi se brouillent, les va-et-vient entre chômage et emplois précaires se multiplient, l'avenir des chômeurs, de certains d'entre eux, devient flou. Quand le relâchement des liens entre chômage et emploi est une conséquence de l'approfondissement des déséquilibres sur le marché du travail, l'emploi peut-il être maintenu comme l'horizon de tout chômeur? Le droit à l'emploi est une réponse affirmative à cette question, une réponse qui percute d'autres mises en forme de cette « crise du chômage »[15], qui font appel à des catégories qui mettent l'emploi à distance, voire désignent des statuts d'inactifs plutôt que d'actifs privés d'emploi : « nouveaux pauvres »,

« exclus », « inemployables », « chômeurs de très longue durée », qui se substituent au terme générique de « chômeurs ». Aussi peut-on approfondir les manières dont les organisations de chômeurs envisagent le droit à l'emploi en partant des appellations qu'elles se sont données : « comités des *salariés privés d'emploi* de la CGT », « Association pour l'emploi, l'information et la solidarité des *chômeurs et travailleurs précaires* », « Mouvement national des *chômeurs et précaires* », « *Actifs, chômeurs* » qui est une des significations du sigle AC!.

Les comités CGT utilisent le terme chômeur pour se désigner, par exemple dans l'expression « chômeurs rebelles » qui figure sur nombre d'autocollants arborés par les manifestants lors des défilés, mais leur intitulé officiel est « comités des salariés privés d'emploi ». Cette expression a une signification précise qui spécifie le statut des chômeurs : d'une part, ils sont privés d'un droit fondamental, garanti par la Constitution, le droit au travail, d'autre part, ils sont des salariés potentiels. Cette formulation de la question du chômage est congruente avec la population touchée par les comités CGT : principalement, des ouvriers ayant perdu un emploi stable, sauf dans les Bouches-du-Rhône où des chômeurs et des chômeuses, au passé professionnel plus discontinu sont nettement plus présents, et où le slogan « chômeurs rebelles » est d'ailleurs apparu. Insister sur la privation d'emploi, c'est placer le droit à l'emploi au centre de la démarche des comités CGT, le droit à un revenu n'étant qu'une conséquence de cette privation : comme le salaire est indissociable de l'emploi, la distribution d'un revenu de remplacement est inséparable de la privation d'emploi. Le retour au plein emploi est, logiquement, la priorité des comités de chômeurs CGT.

En utilisant l'expression « chômeurs et travailleurs précaires », l'APEIS développe une autre lecture de la crise de l'emploi. L'accent est mis sur le caractère massif du chômage, sur le développement de formes durables de chômage, et sur les difficultés croissantes d'obtention d'un emploi, en convergence avec les caractéristiques des chômeurs attirés par l'APEIS, parmi lesquels on compte nombre de personnes qui ont des expériences assez longues du chômage. L'expression « privés d'emploi » est rejetée car elle a « quelque chose de cynique » selon le responsable de l'APEIS. Parler de « chômeurs et travailleurs précaires », c'est une manière d'englober les situations de plus en plus différenciées que connaissent les personnes sans emploi : tour à tour chômeurs indemnisés, « fin de droits », allocataires du RMI, stagiaires de la formation professionnelle, détenteurs de petits contrats de travail ou de contrats emploi-solidarité, etc. C'est aussi produire une autre interprétation de la crise en mettant l'accent sur la dégradation des conditions et statuts d'emploi (précarité, flexibilité) et pas uniquement sur le rationnement global d'emploi. C'est encore s'interroger sur le devenir de l'emploi salarié, donc des chômeurs, en considérant que le slogan du retour au plein emploi est trop simple, voire simpliste. Pour autant, le droit à l'emploi n'est pas relativisé ; au contraire, il est toujours considéré comme un droit fondamental, parce que l'emploi est au cœur de la construction des identités sociales. Mais l'affirmation de la centralité du travail s'accompagne ici de l'affirmation du droit à refuser un travail aliéné ou précaire. La « religion du travail » est refusée, comme est récusée la perspective d'une société à deux vitesses dans laquelle certains bénéficieraient de bonnes conditions d'emploi tandis que d'autres seraient enfermés dans le cercle de la précarité et du chômage.

Le MNCP rejette de la même manière l'expression « privés d'emploi » parce qu'elle renvoie à une forme temporaire de chômage, qui ne correspond guère aux situations des chômeurs regroupés par les associations adhérentes à ce mouvement. L'expression « chômeurs et précaires » exprime une situation d'insécurité permanente sur l'avenir, et d'incertitude sur les moyens d'existence : chômeurs et précaires sont définis comme des travailleurs qui ne peuvent pas vivre comme les autres. Cela délimite deux priorités pour les chômeurs, d'une part un droit au revenu permettant de vivre dignement, d'autre part un droit à l'emploi permettant de renouer avec la condition salariale considérée comme la norme. Mais pour le MNCP, le retour au plein emploi passe par une diminution importante du temps de travail et par un recul de la place du travail dans la vie des gens. Là encore, l'affirmation du droit à l'emploi est à la fois une manière de définir les chômeurs par rapport à l'emploi en dépit des difficultés croissantes que certains rencontrent pour y accéder ou s'y maintenir, et une manière de réclamer un partage de la denrée de plus en plus rare qu'est l'emploi.

Pour les dirigeants de AC!, l'expression « privés d'emploi » amène à s'interroger sur les causes de cette situation et aiguille vers l'identification et la dénonciation de responsables, alors même qu'une difficulté de l'action collective des chômeurs est précisément de désigner des cibles et des adversaires. Mais inversement, elle définit de façon restrictive les chômeurs en évoquant des travailleurs qui viennent d'être licenciés, soit une figure classique mais en recul. « Chômeurs » permet d'englober des situations de privation d'emploi plus diversifiées et hétérogènes. L'association « chômeurs-actifs » a une signification spécifique : elle vise à ne pas opposer dans l'action deux populations aux statuts différents. Elle englobe ceux qui ont un emploi et ceux qui en sont dépourvus dans un même ensemble, désigné comme étant le salariat, un salariat plus ou moins précaire, un salariat plus ou moins dans l'emploi, un salariat étiré entre ses deux pôles complémentaires : le chômage de longue durée et l'emploi typique. Le droit à l'emploi découle logiquement de ces principes de catégorisation : chômeurs et salariés se situent dans un continuum, qui n'est nullement brisé ou interrompu par de quelconques seuils d'employabilité, mais qui est un espace dans lequel les individus circulent au gré des changements de leur situation. Tous ont une égale légitimité à prétendre à un emploi.

On le voit, parler d'organisations de chômeurs

est une facilité de langage qui néglige la spécificité de l'appellation que chacune s'est donnée. Pour autant, ce terme correspond bien aux visées communes que chacune poursuit, à sa façon et compte tenu de son histoire : réunir tous les sans-emploi quels que soient leur situation ou leur parcours professionnel, arrimer le chômage au salariat quand la dégradation des conditions de vie des chômeurs va dans l'autre sens. Les organisations de chômeurs représentent ainsi un pôle de résistance face aux processus de catégorisation juridique ou symbolique qui font éclater le chômage en une multitude de statuts et rebaptisent des situations en les déconnectant de l'emploi (exclus, nouveaux pauvres...).

Dans cette perspective, la centralité de la revendication du droit à l'emploi est indissociable d'une critique portée à l'encontre des conditions concrètes d'emploi (précarisation, flexibilité...). Le droit à l'emploi est inséparable de tentatives pour redéfinir le travail et la place qu'il occupe dans les vies individuelles. Alors que parmi les salariés et leurs organisations, ce thème a été traduit exclusivement en termes de réduction du temps de travail, la question du revenu et du droit au revenu a également émergé au sein des organisations de chômeurs. Non pas un revenu déconnecté de l'emploi, même si cette position existe de manière minoritaire, mais un revenu dans l'attente d'un emploi; un revenu qui permet d'attendre et de vivre dignement, mais aussi un revenu qui permet de résister à l'urgence qui pousse à accepter n'importe quel emploi. Ainsi la revendication du droit au revenu semble moins un relais de l'idéologie de la fin du travail que le signe d'une critique du salariat et des normes du système d'emploi (salaire, conditions de travail, type de contrat, protection sociale).

Droit à l'emploi et droit au revenu sont insérés dans des relations dialectiques qui ne se réduisent pas à un rapport de compensation (un revenu en réparation de la privation d'emploi) comme la mise en forme constitutionnelle le suggère. Leur articulation correspond à une tentative pour participer au processus de définition des formes légitimes de l'activité professionnelle : l'affirmation du droit à l'emploi signifie un engagement pour le maintien de l'emploi comme statut de référence et l'affirmation du droit au revenu est un moyen d'opposer une résistance à certaines transformations des normes d'emploi, considérées comme dégradantes. Par d'autres aspects, l'action collective des chômeurs interroge la place du travail dans la société, mais aussi la place des chômeurs.

Se revendiquer chômeurs dans une société du travail

La lutte pour l'emploi est au cœur des actions des organisations de chômeurs, comme la privation d'emploi est au cœur de l'expérience du chômage. Il est toutefois extrêmement difficile d'inscrire l'emploi comme objectif à court terme et d'obtenir des résultats concrets par la mobilisation : si l'accès à l'emploi fait partie intégrante de l'univers quotidien des chômeurs et de leurs difficultés ordinaires, les organisations de chômeurs peinent à trouver une solution à ce problème et à le socialiser. Que faire, sinon rappeler le principe du droit à l'emploi, demander des créations d'emploi, exiger un partage du travail, militer pour la réduction du temps de travail, c'est-à-dire porter des mots d'ordre globaux qui ne changent rien, dans l'immédiat, aux situations personnelles?

Certes, des collectifs AC! pratiquent épisodiquement des « réquisitions d'emplois », et des comités CGT organisent des « bureaux d'embauche », mais sur ce terrain, l'action collective ne peut s'appuyer sur la distribution de gratifications individuelles ni déboucher sur un véritable succès. De même que l'épreuve du chômage reste une épreuve personnelle, l'obtention d'un emploi est une affaire personnelle, même si les réseaux sociaux dans lesquels circulent recommandation et confiance en sont des rouages importants. Pourtant, la lutte des chômeurs est axée sur l'emploi, par définition, puisque le chômage est le double, le négatif, de l'emploi. Organiser les chômeurs présente cette spécificité d'avoir pour objectif de réduire ou anéantir le chômage, mais, en même temps, pour aller dans cette direction, il faut passer par une revendication de la condition de chômeur.

S'associer et retrouver la dignité

Les actions menées pour répondre à l'urgence des situations concrètes de chômeurs, les luttes immédiates pour améliorer les conditions matérielles de vie, ont de multiples significations qui vont au-delà de l'enjeu explicite et de l'objectif défini. Contrairement aux luttes pour l'emploi, ces actions débouchent souvent sur des succès (obtention de la gratuité des transports, maintien d'une famille dans son logement, résolution de problèmes administratifs...) qui favorisent la mobilisation et les engagements individuels. Souvent conduites sur un plan local, ces initiatives contribuent à souder des collectifs, renforcer les groupes, briser l'isolement, et diffuser de la convivialité. Indépendamment de l'accès à l'emploi, ou malgré la privation d'emploi, ces actions collectives permettent aux chômeurs de restaurer des capacités d'intervention sur leur propre sort, de renouer avec la confiance en eux, de reconquérir une place dans la société, et de produire une citoyenneté des chômeurs. Les actions les plus locales et de proximité révèlent des enjeux sociétaux et globaux, et travaillent la société dans son entièreté.

L'action collective des chômeurs, compte tenu des formes qu'elle revêt, est prise dans une tension relative à la place sociale des chômeurs. D'un côté, ils retrouvent dignité et citoyenneté sociale à travers l'entraide et la solidarité, de l'autre, ils ne sont rien puisque l'emploi, dont ils sont privés, demeure une référence. D'un côté, ils restaurent leur valeur et leur utilité en apportant leur contribution aux transformations de la société, de l'autre, ils demeurent frappés d'inutilité puisque l'emploi est le signal indépassable de la valeur sociale.

L'action collective, la constitution d'un entre-soi, la production d'entraides, la création d'une solidarité sont autant de moyens de dépasser la dévalorisation qui colle à la peau des chômeurs, car l'autre est alors un autre soi-même. Les organisations de chômeurs ne sont pas d'abord des structures institutionnalisées, ce sont des associations, des regroupements de chômeurs. L'émergence de ces collectifs, quels qu'en soient les objectifs déclarés, est un mécanisme central de la mobilisation, car celle-ci est le produit d'interactions entre individus. On a trop insisté sur les approches en termes d'identité qui mettent l'accent sur l'inertie de l'expérience du chômage, ou sur les approches en termes de stratégies qui soulignent l'absence de rationalité d'un engagement dans une action collective de chômeurs. Or les individus n'agissent pas en fonction de normes et valeurs intériorisées, ou de calculs coûts-bénéfices, ils agissent en fonction de leur interprétation de la réalité, qu'ils construisent à partir des relations dans lesquelles ils sont engagés.

De ce point de vue, l'association de chômeurs est un processus social et cognitif qui contribue à une nouvelle définition de sa propre situation personnelle, à une appréhension différente de la société, et à une perception rénovée du rôle que l'on peut y jouer. Plus précisément, les collectifs de chômeurs sont des lieux de passage d'une résignation fataliste à l'égard du système social et de la condition personnelle que l'on subit, à une vision attribuant aux membres du groupe une efficacité possible, donc une capacité d'action pour affirmer des droits dans un système désormais jugé contestable et à ce titre illégitime, au moins partiellement. Nombreux sont les chômeurs qui redéfinissent leur situation, vécue comme dévalorisante voire dégradante, en s'associant à d'autres semblables :

> Je peux pas dire pourquoi je viens souvent, je suis à l'aise, je me sens mieux ici. C'est comme ça, je me doutais pas, je veux dire on se sent plus fort quand on est groupé. Des fois même, on a l'impression qu'on peut changer beaucoup, beaucoup de choses. Le gars qui tourne chez lui en rond, il croit qu'il peut rien, il perd les pédales parce qu'il peut plus rien faire, plus rien. Mais je peux dire qu'en se serrant les coudes on n'a plus honte d'être des chômeurs, parce qu'on se bat pour que les choses elles changent [...].
> Quand tu es chômeur tu es diminué, tu vas pas le crier sur les toits, c'est le contraire hein, tu te caches, tu t'excites pour t'en sortir, mais tu traînes des choses très lourdes. Je peux pas oublier ça, vu que ça marque un homme, c'est sûr. Tu vois, dans l'association, c'est autre chose. Tu te grandis quand tu es ici. Tu sais que tu peux encore aider les copains, tu peux te battre pour pas te laisser faire. Des machins comme ça, ça te change un homme [16].

En se rassemblant, les chômeurs cherchent à obtenir des améliorations de leurs conditions de vie, ils découvrent des capacités d'intervention, ils restaurent leur dignité, réintègrent la société puisqu'ils s'imposent, en tant que groupe, dans leur environnement. Cette action collective montre que le chômage n'est pas la mort sociale, et symétriquement que l'emploi n'est pas tout ; elle dévoile que l'on peut être privé d'emploi et avoir une valeur sociale et prendre une place dans la société. Dans cette mesure, l'organisation des chômeurs est subversive, car quand le travail est la valeur cardinale, le chômeur est dépossédé de toute valeur, de toute utilité. Il n'est pas seulement rejeté dans l'oisiveté et la paresse (mère de tous les vices!), mais toute contribution au fonctionnement de la société lui est déniée, toute participation aux circuits d'échange lui est interdite.

Le chômage est défini formellement par la privation d'emploi, le chômeur est défini juridiquement comme un demandeur d'emploi, l'expérience du chômage est définie normativement comme une épreuve. S'associer, c'est non seulement faire un écart à la norme de recherche d'emploi qui prescrit les occupations des chômeurs (chercher et chercher encore et toujours un emploi), mais c'est aussi inverser le sens du chômage; non pas une inversion clandestine et souterraine circonscrite à l'univers personnel de telle ou telle personne qui trouve des moyens de réalisation de soi dans des activités alternatives au travail salarié, mais une inversion collective et orchestrée, partagée par un groupe qui mène des actions et conduit des projets, orientée vers le renforcement du groupe et la défense de ses membres au vu et au su de tous. En ce sens, l'organisation des chômeurs est un projet politique, même si les chômeurs ne sont pas véritablement constitués comme acteurs ou interlocuteurs dans le champ politique, un projet qui travaille la société en profondeur, qui est porteur d'une perturbation de ses fondements, car c'est la place et la définition du travail qui est en jeu dans ces initiatives.

Chômeurs actifs, chômeurs acteurs

Les organisations de chômeurs jouent en effet un rôle éminent dans la redécouverte d'une utilité sociale sans lien avec l'emploi : activités bénévoles, militantes, d'entraide, de survie, de montage de projets... Déconnectées de l'emploi et du revenu, ces activités, et les capacités nécessaires à leur mise en œuvre, sont pourtant reconnues au-delà du strict cadre de la sphère privée : ce sont des activités collectives, valorisées par les chômeurs qui les réalisent, reconnues socialement utiles par le groupe. Les membres des organisations de chômeurs soulignent tous la valeur qu'ils attribuent aux activités auxquelles ils participent, aux initiatives qu'ils prennent, aux responsabilités qu'ils assument, aux compétences qu'ils acquièrent au sein de leurs associations. L'expérience collective du chômage n'est pas seulement opposée à l'expérience individuelle du chômage, mais aussi à l'expérience de l'emploi officiel :

> Je suis à l'association depuis deux ans. C'est moi qui m'occupe du journal, faire les articles, interviewer des copains qui racontent leur expérience, faire une revue de presse, faire des dossiers juridiques, des mots croisés, des blagues. On est à trois et on fait tout ça, de A jusqu'à Z, tout. Et après, on s'occupe encore d'organiser les ventes sur les marchés, à l'ANPE ou à l'ASSEDIC. C'est notre travail. Tout mon temps passe là-dedans. [...] Je suis au RMI et je peux dire que j'ai plus voulu m'inscrire à l'ANPE, parce que là-bas, c'était prouver qu'on a fait des démarches, ou alors on est obligé de faire des stages, des CES, tout ça. Je ne peux pas le dire, tout ça, ça m'intéresse pas. Ça va me rapporter quoi ? Je vais faire un petit contrat, et après ? J'ai plus le goût de prendre mes pinceaux.

Peintre, c'est ce que je sais faire, mais j'ai appris à faire plein de choses ici qui m'intéressent, alors retourner sur les chantiers...
Entre nous on rigole : c'est quoi ton travail ? Ben, le matin je tiens la permanence pour aider les problèmes administratifs des gens qui viennent, et l'après-midi je me tiens au courant des réformes, l'UNEDIC, les impayés de loyer, l'ANPE, tout pour connaître les droits des chômeurs. Je dis ouais, mon travail c'est ça, ou bien espaces verts, vu que ce que j'ai fait c'est surtout dans les espaces verts. Mais 39 heures jardinier, par tous les temps, c'est pas une vie. Quand tu fais un travail tu dois avoir une fierté ; si tu ressens pas que tu es satisfait, je sais pas si c'est la peine. Ici, je compte pas mes heures, tout le monde le sait, et on est tous un peu comme ça, attention, ça dépend des moments, mais quand tu te lèves le matin, tu es content de venir à l'association. La seule chose c'est la paye, parce que l'ASS, tu vas pas loin avec. Notre travail il n'est pas reconnu, il est pas pris en compte, c'est surtout ça qui coince [17].

Les chômeurs investis dans les organisations de chômeurs sont fréquemment pris dans une tension par rapport à l'emploi : d'un côté, ils considèrent l'emploi comme le statut social de référence, celui qui confère dignité et considération, qui procure revenu et protection sociale, mais d'un autre côté, ils valorisent les activités collectives auxquelles ils participent, au point d'y accorder plus d'importance qu'à l'emploi. Cette tension n'est que le prolongement, et la radicalisation, d'une ambivalence plus diffuse à l'égard de l'emploi : les chômeurs de longue durée notamment se définissent invariablement par l'emploi qu'ils n'ont pas tout en manifestant de la défiance par rapport au travail [18]. Ils résistent ainsi à un chômage dans lequel ils se sentent de plus en plus profondément englués, et se défendent contre les piètres perspectives de sortie du chômage qui leur sont accessibles : stages auxquels ils ne croient pas, « petits boulots » sans avenir.

Ces attitudes pourraient être facilement interprétées comme autant de traces d'un recul de la valeur travail, voire de signes d'un éloge de la vie sans travail. Elles sont plutôt la conséquence des contradictions dans lesquelles un nombre croissant de chômeurs sont enfermés : sommés de rechercher un emploi qu'ils ne trouvent pas, contraints de croire à une insertion qui n'arrive jamais, forcés à jouer le jeu du demandeur d'emploi quand ils sont découragés... Les organisations de chômeurs donnent une nouvelle signification à ces expériences incohérentes et schizophréniques : d'une part, elles sont des lieux de reconstruction d'une utilité et d'une valeur sociales pour les chômeurs qui s'y engagent, d'autre part, elles rendent pensable cette contradiction que chacun doit ordinairement garder pour lui.

Elles sont des lieux où cette contradiction peut être canalisée et transformée en rapports sociaux. Elles sont des lieux de socialisation de cette ambivalence envers l'emploi. Elles sont des lieux de légitimation d'un écart à la définition normative du chômage et de l'emploi. Elles sont des lieux où s'effectue un travail social de transformation des rapports subjectifs au travail et à l'emploi. Le travail y est déconnecté de l'emploi, libéré de la définition sociale de l'emploi, et recentré autour de la production d'utilité sociale (lien social et accomplissement de soi) plutôt que de la production de richesses matérielles. La première conséquence de ces transformations des rapports au travail et à l'emploi, c'est la capacité des sans-emploi à revendiquer désormais leur condition de chômeur. Une condition qui ne se réduit plus à la privation d'emploi, à une situation en creux, négative et destructrice, mais une condition réappropriée, investie par l'action collective, habitée par la prise d'initiative. Chômeurs privés d'emploi certes, mais chômeurs actifs et occupés par de multiples tâches utiles et valorisantes, chômeurs acteurs participant à la production de la société.

Quelle reconnaissance sociale ?

Ce travail de transformation des significations subjectives de l'expérience du chômage n'est pas fait exclusivement dans l'entre-soi des associations de chômeurs. Plus, la condition pour qu'il ne débouche pas sur un auto-enfermement, un repli communautaire, la constitution de ghettos, est bien qu'il s'alimente aussi dans des relations avec des acteurs extérieurs à la sphère du chômage. Ce qui est ici en jeu, c'est la reconnaissance sociale des activités collectives des chômeurs, la valorisation de leurs productions. Les organisations de chômeurs peuvent-elles acquérir une légitimité en tant qu'acteurs collectifs aux yeux d'autres acteurs politiques, économiques, sociaux... ? Dès lors que leurs actions ne s'inscrivent pas dans le statut du demandeur d'emploi et les attentes normatives qui le définissent, elles suscitent des réactions de rejet ou d'incompréhension de la part des autorités, qui sont aussi les instances autorisées à porter un jugement public sur ces actions. On comprend alors pourquoi ces actions se développent dans un registre privilégiant l'opposition, l'affrontement. Elles sont des passages en force dans l'espace public car, indépendamment des formes de lutte, elles revendiquent l'infamie : des chômeurs s'exposent comme tels, prennent la parole, se font entendre, ne jouent pas le jeu. En ce sens, les processus de transformation du chômage, du travail et de l'emploi, dont l'action collective des chômeurs est un vecteur essentiel, sont encore bien loin d'être aboutis.

La réintégration du chômage dans la vie quotidienne et le retour des chômeurs dans la cité exigent plus qu'une expression publique, qu'une parole active, que des pratiques collectives. Car la représentation d'une population aussi nombreuse et autant fragilisée que celle des chômeurs n'est pas correctement assurée. Certes, les syndicats de salariés se définissent comme les représentants légitimes de tous les travailleurs, ceux qui sont en emploi comme ceux qui en sont privés. Mais force est de constater que les seconds y sont peu présents[19] : une partie des chômeurs est depuis longtemps loin de l'entreprise, d'autres ont des statuts précaires et passent de petit boulot en petit boulot dans des lieux où les syndicats sont absents, beaucoup n'ont encore jamais travaillé.

La gestion de l'UNEDIC a d'autre part révélé une opposition d'intérêts entre salariés et chômeurs, les intérêts des premiers étant, dans le mode de gestion actuel, mécaniquement privilégiés. Progressivement, le monde du travail s'est fracturé entre ceux qui travaillent et ceux qui veulent travailler, et les organisations syndicales, probablement parce qu'elles sont affaiblies, ne sont pas parvenues à promouvoir, ni même formuler, des revendications positives pour tous. De plus, le chemin qui amène les chômeurs à se regrouper est assez différent de celui qui conduit les salariés à s'organiser : l'action collective des chômeurs part de l'urgence, de préoccupations de survie, même si ce faisant, elle aboutit aussi à poser la question du sens de la société dans son ensemble.

Comment trouver une forme de globalisation de l'expression des chômeurs, comment trouver des mécanismes de représentation qui assurent une place à cette population ? La récente loi consacrée à la lutte contre les exclusions avance d'un pas timide en préconisant la constitution de « comités de liaison » à l'ANPE et à l'AFPA, incluant des représentants des usagers de ces institutions, des chômeurs. Surtout, comment assurer une représentation des chômeurs qui tissent des liens avec les salariés et les organisations syndicales ? Il faut rappeler que lorsque Martine Aubry s'était prononcée en 1994, alors qu'elle n'était plus ministre du Travail, pour « le développement d'une représentation des chômeurs et de leurs associations [qui] doivent bénéficier, comme les syndicats, du soutien financier de la nation[20] », tous les syndicats avaient exprimé leur réprobation. Pour la CGT, cela consistait à « enfermer les chômeurs dans un statut définitif les coupant du monde du travail » ; pour la CFDT, ces propos mettaient en cause la légitimité des organisations syndicales à prendre en charge le besoin d'expression et d'organisation « des exclus de l'emploi » ; quant à FO, son secrétaire les considérait comme un véritable attentat contre l'unité de la classe ouvrière, alors que l'UNEDIC est présentée comme le « principal et plus efficace instrument de solidarité entre salariés et chômeurs[21] ». Quand, en janvier 1998, Jean Le Garrec, président de la Commission des affaires sociales à l'Assemblée nationale, se prononce pour une représentation des organisations de chômeurs au sein des organismes paritaires, il suscite des réactions d'hostilité du même ordre.

De leur côté, les organisations de chômeurs demandent à être reconnues comme interlocuteurs à part entière « dans les instances où il est question du sort des chômeurs ». Elles revendiquent une représentation spécifique des chômeurs afin de combler un vide social et institutionnel patent. Les modalités de participation qu'elles préconisent sont variées, tout en étant reliées, de manière plus ou moins souple, aux organisations syndicales[22]. Quoi qu'il en soit des mécanismes les plus appropriés de représentation, la structuration de canaux de diffusion de la parole des chômeurs sur le chômage, le travail et l'emploi est un enjeu central pour une société où le chômage est devenu suffisamment massif et durable pour qu'il ne puisse plus, en témoignent les initiatives collectives de chômeurs, être étouffé ni refoulé.

Conclusion : de l'utilité des inutiles au monde

Sans doute le chômage était-il une situation subjectivement et socialement tolérable, tant qu'il n'était qu'une parenthèse de courte durée dans une vie professionnelle bien remplie. Désormais, il marque durablement l'expérience de millions de personnes, dont les horizons se limitent au chômage de longue durée, à l'instabilité chronique, aux emplois sans perspective, à l'insécurité économique. Aussi, si les chômeurs s'organisent collectivement, c'est pour résister à une condition vécue comme d'autant plus menaçante qu'ils ne se sentent ni écoutés, ni représentés, ni défendus. Leur réaction est donc un acte de survie.

Pourtant leur irruption dans l'espace public provoque des critiques qui visent à disqualifier les organisations de chômeurs engagées dans l'action collective : révolte due à une poignée d'individus, disent les uns, agitation provoquée par quelques factions minoritaires et non représentatives, s'offusquent les autres, action illégale menaçant l'ordre public, s'insurgent d'autres encore. Ces critiques sont facilitées par le fait même que les chômeurs ne sont pas constitués en groupe de pression organisé, reconnu, ayant accès aux lieux où se prennent les décisions qui les concernent. Les chômeurs ne disposent même pas du minimum de moyens de pression : exclus de la production, ils ne peuvent faire grève : inutiles au monde, ils ne peuvent bloquer l'appareil économique ou l'organisation sociale ; isolés, ils n'ont pas de lieu où se regrouper et s'organiser. Face à la dégradation de leur vie quotidienne et à la fermeture de leur avenir, certains sont ainsi poussés à retourner l'intolérable de leurs conditions contre eux-mêmes, par des conduites de suicide, de délinquance, de dépression nerveuse. Dès lors, pourquoi les tentatives pour desserrer l'étau du silence sont-elles considérées comme intolérables ou illégitimes ?

L'expression publique et la lutte collective des chômeurs, quelles qu'en soient les formes, heurtent frontalement les représentations sociales sur le chômage. Alors que les chômeurs sont considérés comme exclus, ils prennent subitement rang de citoyens; alors qu'ils sont pensés comme des incapables, ils deviennent brusquement des acteurs. Ce faisant, ils commettent un crime de lèse-majesté : ils prétendent être citoyens avant même d'avoir (re)trouvé un emploi. Ceux qui crient à l'illégalité ou à l'absence de représentativité ne font rien d'autres que d'exprimer cet axiome implicite : pas d'accès à la parole publique pour celui qui n'a pas d'emploi.

Cette définition de la situation se brouille en ce moment sous les coups de gueule des chômeurs, cette vision du chômage se brise parce que les chômeurs relèvent la tête. Quand ils s'organisent, ils font violence, car ils manifestent leur refus d'être enfermés dans un statut trop étriqué et décalé par rapport à la situation de l'emploi. Ils récusent l'hypocrisie consistant à faire comme si l'accès à l'emploi et à la stabilisation professionnelle était un horizon à portée de main pour tous. Ils mettent le doigt sur la contradiction consistant, d'un côté, à célébrer inlassablement les mutations du travail

LES ENJEUX DE L'ACTION COLLECTIVE   229

et la flexibilité des normes d'emploi et, de l'autre, à figer le chômage dans l'anticipation d'une situation professionnelle stable.

En protestant et en se révoltant, les chômeurs résistent aux rapports sociaux qui enferment le chômage dans une tension entre la compétition de tous les instants pour l'obtention du bien de plus en plus rare qu'est l'emploi, et un repli aux frontières de l'assistance qui conduit à l'installation forcée dans l'inactivité ou la dépendance. Ils manifestent que le chômage ne se réduit pas à une condition aliénante dont il faut sortir à tout prix au risque d'y être définitivement enfermé, mais que les chômeurs sont des membres ordinaires de la société. Ils disent que tout le monde peut devenir, un jour au l'autre, chômeur. Ils rappellent que le discrédité n'est que la figure symétrique et publique du discréditable, et que chacun peut, un beau matin, se réveiller chômeur, se retrouver en situation d'avoir à gérer une identité souillée. Ils affichent leur dignité et luttent pour que la privation d'une existence sociale « normale » ne s'ajoute pas à la privation d'emploi et de revenus.

Les actions collectives de chômeurs soulignent avec force que le chômage est plus menaçant que jamais, car elles indiquent que les régulations inventées pour accompagner les chômeurs à l'emploi fonctionnent mal. Dans le même temps, elles témoignent que le chômage est plus rassurant que jamais, car elles démontrent que la privation n'est pas forcément la mort sociale, que la résistance organisée est possible. Le premier aspect, chacun le pressent plus ou moins confusément et le redoute plus ou moins intensément. Mais le second est une découverte, un soulagement, comme l'indique la sympathie que les occupations et manifestations de chômeurs recueillent dans l'opinion publique.

En rompant le silence, les chômeurs contribuent à rendre la société plus transparente à elle-même; ils la mettent à nu et ils la mettent en mots. Leur expression publique, leur existence sociale indiquent que le chômage ne sera plus comme avant, et, par conséquent, que la société salariale va également changer. Que sera-t-elle ? Les réponses ne sont pas écrites, mais l'espace nécessaire à leur invention collective s'entrouvre. Certes, il n'y pas de remède miraculeux au chômage. Mais peut-on se passer des chômeurs pour construire des réponses ? N'avance-t-on pas dans les solutions quand les chômeurs conquièrent un poids politique en rapport avec leur importance dans la société ?

Les chômeurs organisés et militants changent le chômage, son vécu, sa signification, sa place dans la société. Ce faisant, ils contribuent aussi à changer le travail, ce qui paraît si difficile et pourtant si nécessaire pour trouver une issue à la crise de l'emploi. En affirmant sa centralité et sa relativité à la fois, ils rappellent surtout la nécessité d'en reconsidérer le sens, la qualité et l'utilité sociale et, pour sortir d'un présent privé d'avenir, ils nous poussent tous à nous demander dans quelle société nous voulons vivre.

Notes

Introduction
Hiver 1997, les chômeurs occupent

1. Selon les statistiques du ministère du Travail à partir des demandeurs d'emploi enregistrés par l'Agence nationale pour l'emploi, et prenant en compte les personnes sans emploi, immédiatement disponibles et à la recherche d'un emploi à temps plein et à durée indéterminée (DEFM de catégorie 1).

2. Robert Castel, Jean-Paul Fitoussi, Jacques Freyssinet, Henri Guaino, *Chômage : le cas français*, Paris, La Documentation française, 1997, collection des rapports officiels.

3. Dans un journal publié en janvier 1998 et titré *Ceci n'est pas un journal, c'est une... OCCUPATION*, les organisations de chômeurs soulignent combien « l'occupation est devenue pour les chômeurs et les précaires le mode d'investissement de l'espace public pour faire entendre leur révolte. » Cette publication a été encartée dans *Les Inrockuptibles* (n° 137).

4. L'appellation officielle de ces comités constitués sous l'égide de la CGT est : « comités de salariés privés d'emploi. » Nous rendrons compte plus loin de la signification de cette dénomination.

5. Les Associations pour l'emploi dans l'industrie et le commerce (ASSEDIC) et l'Union nationale interprofessionnelle pour l'emploi dans l'industrie et le commerce (UNEDIC)

sont des organismes paritaires qui gèrent le régime d'assurance chômage respectivement sur le plan local et national. Le fonds social est une caisse de solidarité constituée dans chaque ASSEDIC par un prélèvement de 2 % sur les recettes de l'assurance chômage. Les chômeurs peuvent le solliciter pour une aide exceptionnelle, en principe débloquée en moins de 48 heures.

6. Une partie des fonds sociaux a été consacrée à une revalorisation de l'allocation plancher, et des Assedic n'en distribuent directement qu'une part très limitée (10 %) : voir le rapport au premier ministre de Marie-Thérèse Juin-Lambert, *Chômage : mesures d'urgence et minimas sociaux*, Paris, la Documentation Française, 1998, page 10.

7. Une augmentation de 1 % de l'allocation spécifique de solidarité est annoncée et une revalorisation de 1 500 francs de cette allocation pour les chômeurs ayant cotisé quarante années pour leur retraite est mise à l'étude.

8. Elle déclare lors d'une conférence de presse le 3 janvier 1998 : « 4 % des antennes ASSEDIC, soit 29 sur 630, ont été occupées à un moment ou à un autre. »

9. Entretien au quotidien *Libération*, du 5 janvier 1998. La manchette de ce journal titre : « Notat : on manipule les chômeurs. »

10. Marie-George Buffet (ministre de la Jeunesse et des Sports) juge « complètement légitimes » les actions des chômeurs, tandis que Dominique Voynet (ministre en charge de l'Aménagement du territoire et de l'Environnement) déclare : « Nous, au gouvernement, nous avons besoin de mouvements sociaux forts. [...] Il n'y a pas un seul ministre au gouvernement qui ne se sente solidaire de ce mouvement », et s'insurge contre les insinuations de manipulation. De même, Claude Allègre (ministre de l'Education nationale) exprime sa sympathie pour les chômeurs en lutte qui

« s'adressent au pays » et lui lancent « un cri qu'il faut écouter, entendre ». Quant à Jean-Claude Gayssot (ministre en charge des Transports), il décide, après avoir reçu les quatre organisations de chômeurs, de baisser significativement le prix des transports en commun pour les sans-emploi en région parisienne.

11. Elle déclare notamment : « Derrière ces chômeurs, et quel que soit leur nombre, nous voyons des chômeurs qui sortent de leur isolement, du repli sur soi, du silence, pour lancer enfin une action collective. Et cette action, c'est une action d'engagement, de citoyenneté. A gauche, nous ressentons profondément ce mouvement. »

12. Un fonds d'urgence sociale, doté d'un milliard de francs est créé, et les cellules d'urgence sociale mises en place dans les préfectures depuis la fin décembre sont pérennisées. D'autre part, les organisations de chômeurs seront consultées par les pouvoirs publics pour la préparation du « projet de loi de lutte contre les exclusions », elles seront représentées au sein des comités d'usagers que l'Agence nationale pour l'emploi (ANPE) et l'Association pour la formation professionnelle des adultes (AFPA) vont mettre en place, enfin elles seront associées à la mission d'étude sur l'indemnisation du chômage et les minima sociaux.

13. Si la lutte des chômeurs peut être qualifiée de minoritaire, ce n'est pas en vertu d'un raisonnement arithmétique, tant on sait qu'une minorité peut être plus nombreuse qu'une majorité (les femmes par rapport aux hommes, par exemple). C'est plutôt parce qu'elle s'appuie sur une identité définie principalement par l'assujettissement. Pour s'organiser, les chômeurs sont contraints d'assumer une identité négative et stigmatisée contre laquelle, en même temps, ils se battent. Ils ont toutes les raisons de rejeter une identité qui enferme dans un statut social dégradé et disqualifiant et

emprisonne dans des dispositifs étatiques d'individuation. En ce sens, « les luttes des chômeurs peuvent être interprétées comme une radicalisation des dynamiques de lutte des minorités » (Maurizio Lazzarato, « Luttes de "minorités" et politique du désir », *Chimères*, n° 33, printemps 1998, p. 53-62).

14. Le 12 janvier, plus de quarante actions ponctuelles sont recensées (dans des antennes ASSEDIC, agences de l'ANPE, immeubles vacants, locaux du parti socialiste, chambres de commerce et d'industrie, universités, gares de chemin de fer...). Le lendemain, plus de vingt-cinq manifestations sont organisées à travers l'hexagone. Le 17, une manifestation réunit, à Paris, dix à vingt mille personnes.

15. Un sondage montre qu'un tiers des personnes interrogées soutiennent les actions des chômeurs et près de quatre personnes sur dix ont de la sympathie pour leurs actions (sondage de l'Institut CSA, publié dans *Le Parisien* daté du 17-18 janvier). Selon un autre sondage, effectué les 9 et 10 janvier, la grande majorité des personnes interrogées (70 %) trouvent « justifiée » la poursuite du mouvement (sondage de l'Institut Ipsos, publié dans *Le Point*, daté du 17 janvier).

Chapitre I
Les obstacles à la mobilisation collective

1. Pierre Rosanvallon, *La Nouvelle Question sociale. Repenser l'Etat-providence*, Paris, Le Seuil, 1995, p. 204.

2. Robert Castel, *Les Métamorphoses de la question sociale. Une chronique du salariat*, Paris, Fayard, 1995, p. 441.

3. François Chazel, « La mobilisation politique, problèmes et dimensions », *Revue française de science politique*, n° XXV-3, 1975, p. 516.

4. Hannah Arendt, *Du mensonge à la violence*, Paris, Calmann-Lévy, 1972, p. 78 (première édition en langue anglaise, 1969).

5. Raymond Ledrut, *Sociologie du chômage*, Paris, PUF, 1966, p. 486.

6. Le taux de chômage des ouvriers est plus du triple de celui des cadres supérieurs ; celui des non-diplômés près du triple de celui des diplômés de l'enseignement supérieur (Didier Demazière, *La Sociologie du chômage*, Paris, La Découverte, 1995 a).

7. Gérard Noiriel, *Les Ouvriers dans la société française (XIXe-XXe siècles)*, Paris, Le Seuil, 1986.

8. Luc Boltanski l'a bien montré à propos des cadres (*Les Cadres. La formation d'un groupe social*, Paris, Minuit, 1982).

9. Christophe Aguiton, Daniel Bensaïd, *Le Retour de la question sociale. Le renouveau des mouvements sociaux en France*, Lausanne, Ed. Page deux, 1997. Voir notamment l'introduction.

10. Robert Salais, Nicolas Baverez, Bénédicte Reynaud, *L'Invention du chômage. Histoire et transformation d'une catégorie en France des années 1890 aux années 1980*, Paris, PUF, 1986.

11. Alain Supiot, préface aux Actes du colloque *Les Sans-Emploi et la loi. Hier et aujourd'hui*, Paris, Ed. Calligrammes, 1988, p. 9.

12. Raymond Ledrut, *op. cit.*, 1966, p. 487.

13. Michael Pollak, *Les Homosexuels et le Sida*, Paris, Métailié, 1988.

14. Raymond Ledrut, *op. cit.*, 1966, p. 487.

15. Pierre Birnbaum, « Action individuelle, action collective et stratégie des ouvriers », *in* Pierre Birnbaum, Jean Leca, *Sur l'individualisme*, Paris, PFNSP, 1991, p. 267-298.

16. François Eymard-Duvernay, Emmanuelle Marchal, *Façons de recruter*, Paris, Métailié, 1997.

17. Olivier Galland, Marie-Victoire Louis, « Chômage et action collective », *Sociologie du travail*, n° 2, 1981, p. 173-191.

18. Dominique Schnapper, *L'Épreuve du chômage*, Paris, Gallimard, 1981, nouvelle édition revue, 1994, p. 27.

19. Didier Demazière, « Sociologie du chômage et catégorisations sociales », Colloque *Trente ans de sociologie, 1966-1996*, Institut de sociologie, Université de Lille-I, 24-26 octobre 1996, 12 p.

20. Dominique Schnapper, *op. cit.*, 1994.

21. Hubert Cukrowicz, *L'Homme en lambeaux*, ronéo, Lastrée, Université de Lille, 1981.

22. Paul-Henri Chombart de Lauwe (dir.), *Nous, travailleurs licenciés : les effets traumatisants d'un licenciement économique*, Paris, Union générale d'édition, 1976.

23. Didier Demazière, *op. cit.*, 1995 a.

24. Raymond Ledrut, *op. cit.*, 1966.

25. Un exemple très suggestif de ce phénomène est donné par une recherche menée au début des années 1930 (Paul Lazarsfeld, Marie Jahoda, Hans Zeisel, *Les Chômeurs de Marienthal*, Paris, Minuit, traduction en français, 1981 ; première édition allemande, 1932).

26. John Hayes, Peter Nutman, *Comprendre les chômeurs*, Bruxelles, Pierre Mardaga, 1983 (première édition anglaise, 1981).

27. Maria Teresa Pignoni, Alain Deluchat, « Conditions de vie et perception subjective d'une expérience prolongée de chômage », *in* Patricia Bouillaguet, Christophe Guitton (éd.), *Le Chômage de longue durée. Comprendre, agir, évaluer*, Paris, Syros, 1992, p. 293-300.

28. Dominique Schnapper, *op. cit.*, 1994.

29. Cette question est détaillée dans le chapitre suivant, en particulier à propos des révoltes de chômeurs du passé.

30. Martine Muller, *Le Pointage ou le Placement. Histoire de l'ANPE*, Paris, L'Harmattan, 1991.

31. Michel Wieworka, « Racisme et exclusion », *in* Serge

Paugam (dir.), *L'Exclusion. L'état des savoirs*, Paris, La Découverte, 1996, p. 344-353.

32. Raymond Ledrut, *op. cit.*, 1966, p. 498.

33. Jean-Charles Lagrée, Paula Lew Fai, *Jeunes et chômeurs*, Paris, Presses du CNRS, 1989, p. 191.

34. Simon Wuhl, *Les Exclus face à l'emploi*, Paris, Syros-Alternatives, 1992, p. 24.

35. Serge Paugam, *La Société française et ses pauvres. L'expérience du revenu minimum d'insertion*, Paris, PUF, 1993, p. 185.

36. Didier Demazière, *Le Chômage de longue durée*, Paris, PUF, 1995 b, p. 119.

37. Parmi les multiples exploitations des enquêtes « Emploi de l'INSEE », voir par exemple Michel Cézard, Monique Meron, Nicole Roth, Constance Torelli, « Le halo autour du chômage », *Economie et statistique*, n° 249, 1991, p. 15-23.

38. Bernard Gazier, « L'employabilité : brève radiographie d'un concept en mutation », *Sociologie du travail*, n° 4, 1990, p. 575-584.

39. Robert Castel, *op. cit.*, 1995.

40. Christophe Guitton, « De l'observation d'une mesure à l'évaluation d'une politique », in Christophe Guitton, Hugues Sibille (dir.), *Former pour insérer. Evaluation d'une politique de lutte contre le chômage de longue durée*, Paris, Syros-Alternatives, 1992, p. 13-30.

41. Yves Clot, Jean-René Pendaries, *Les Chômeurs en mouvement(s)*, ronéo, rapport de recherche pour la MIRE, 1997, p. 46.

42. Jean-Marc Salmon, *Le Désir de société. Des restaurants du cœur au mouvement des chômeurs*, Paris, La Découverte, 1998.

43. Voir par exemple Mireille Elbaum, « Pour une autre politique de traitement du chômage », *Esprit*, n° 8-9, 1994, p. 27-43.

44. Alain Ehrenberg, *L'Individu incertain*, Paris, Calman-Lévy, 1995, p. 23.
45. Christophe Dejours, *Souffrance en France. La banalisation de l'injustice sociale*, Paris, Le Seuil, 1998.
46. Pierre Cours-Salies, « La domination du travail », *in* Pierre Cours-Salies (coord.), *La Liberté du travail*, Paris, Ed. Syllepse, 1995, p. 9-43.
47. Jean-Baptiste de Foucauld, « Une citoyenneté pour les chômeurs », *Droit social*, éditions techniques et économiques, 1992.
48. Alain Garrigou, Bernard Lacroix, « Le vote des chômeurs », *Les Temps modernes*, n° 496-497, novembre-décembre 1987, p. 319-377.
49. Martine Hassoun, François Rey (dir.), *Les Coulisses de l'emploi. ANPE, ASSEDIC, missions locales...*, Paris, Ed. Arléa-Corlet, 1995.
50. Un tel processus a été bien décrit pour les mouvements de « pauvres » dans les Etats-Unis des années 1970 (Frances Fox Piven, Richard Clawford, *Poor People's Movements*, Vintage Books, Random House, New York, 1979).
51. Ralph Turner, « The Public Perception of Protest », *American Sociological Review*, n° 34-36, 1969, p. 815-831.
52. Myra Ferree, Frederick Miller, « Mobilization and meaning. Toward an Integration of Social Psychological and Ressource Perspective on Social Movements », *Sociological Inquiry*, n° 53-51, p. 55.

Chapitre II
Les racines de l'action collective des chômeurs

1. Virginie Martin, *Les Comportements politiques des chômeurs*, Paris, Institut d'études politiques, mémoire de DEA, 1993.

2. Christine Fournier, « De l'intégration à la précarité : le "grand intégrateur" en péril?, Un entretien avec Robert Castel », *Formation Emploi*, n° 62, 1998, p. 92.

3. Robert Castel, *op. cit.*, 1995, p. 413.

4. Pierre Schöttler, *Naissance des Bourses du travail*, Paris, PUF, 1985 (édition allemande, 1982).

5. Pour une analyse des mobilisations des sans-travail en France dans les années 1880, voir Eric Lecerf, *La Famine des temps modernes, essai sur le chômeur*, Paris, L'Harmattan, 1992.

6. Christian Topalov, *Naissance du chômeur. 1880-1910*, Paris, Albin Michel, 1994, p. 26.

7. *Ibid.*

8. Le parti socialiste est créé en 1879 ; la loi sur les syndicats date de 1884 ; en 1887, est créée la première Bourse du travail à Paris.

9. Charles Tilly, *La France conteste, de 1600 à nos jours*, Paris, Fayard, 1986, édition originale américaine, 1986. Voir notamment le chapitre 6.

10. Karl Polanyi, *La Grande Transformation. Aux origines politiques et économiques de notre temps*, Paris, Gallimard, 1983 (édition américaine, 1944).

11. Eric Lecerf, *op. cit.*, 1992, p. 29.

12. Michelle Perrot, « Comment les ouvriers parisiens voyaient la crise d'après l'enquête parlementaire de 1884 », in *Conjoncture économique-structures sociales. Hommage à Ernest Labrousse*, Paris-La Haye, 1974.

13. Eric Lecerf, *op. cit.*, 1992, p. 97.

14. Louise Michel, *Mémoires*, Paris, Ed. Sullivers, 1998, p. 340-354.

15. Pierre Schöttler, *op. cit.*, 1985, p. 68.

16. *Ibid.*, p. 69.

17. *Ibid.*, p. 58.

18. Duncan Tanner, « Travail, salaires et chômage : l'économie politique du "Labour" à l'époque édouardienne (1900-1914) », *in* Malcolm Mansfield, Robert Salais, Noël Whiteside (éd.), *Aux sources du chômage 1880-1914*, Paris, Belin, 1994, p. 325-353.

19. Christian Topalov, *op. cit.*, 1994, p. 31.

20. Jack London, qui participa à cet événement, en a fait le récit dans *Les Vagabonds du rail*, Paris, Hachette, 1973 (édition originale, 1907).

21. Frances Fox Piven, Richard A. Cloward, *Regulating the Poor. The Function of Public Welfare*, Vintage Book, New York, 1993 (1971), p. 46.

22. Massimo Fornasari, Vera Zamagni, *Il movimento cooperativo in Italia. Un profilo storico-economico (1854-1992)*, Vallecchi Editore, 1997 ; Aldino Monti, *I braccianti*, Il Mulino, 1998.

23. Mais durant cette période, la codification du chômage n'est pas achevée et le nombre des chômeurs reste difficile à évaluer. Il passe de 450 000 en 1931 à plus d'un million en 1936, dont moins de la moitié sont secourus. Le chômage partiel touche un nombre plus important de travailleurs (Albert Ziegler, « Chômage : la crise des années trente », *Revue française des affaires sociales*, janvier-mars 1980, p. 177-208, et avril-juin 1980, p. 171-207).

24. Confédération générale du travail unitaire née de la scission en 1921 de la CGT entre partisans et opposants du soutien à la révolution soviétique.

25. Rapport de Charles Tillon sur le chômage lors du VIIe congrès national de la CGTU, 23-29 septembre 1933.

26. Charles Tillon, *On chantait rouge. Mémoire pour l'histoire d'un ouvrier breton devenu révolutionnaire professionnel, chef de guerre et ministre*, Paris, Robert Laffont, 1977, p. 169-170.

27. Discours de Benoît Frachon, secrétaire général de la CGTU au VIIIe congrès national ordinaire, 24-27 septembre 1935, p. 27 et 39-40.

28. Dominique Maréchau, Michel Le Guillou, Pierre Zaidman, *La Lutte des travailleurs contre le chômage. Les comités des chômeurs de 1931 à 1939*, Université de Paris-I, mémoire de DESS, 1976.

29. Simone Petrement, *Simone Weil 1909-1943*, Paris, Fayard, t. I, p. 210-252.

30. Francis Fox Piven, Richard A. Cloward, *op. cit.*, 1971, chap. 2.

31. Farrel Dobbs, *Teamster Politics*, Monod Press, 1975, p. 177-196.

32. Francis Fox Piven, Richard A. Cloward, *op. cit.*, 1971, p. 98-100 ; S. Valocchi, « The Unemployed Workers Movement of the 1930s : a Reexamination of the Piven and Cloward thesis », *Social Problems*, vol. 37, n° 2, mai 1990, p. 191-205.

33. Pour l'histoire du mouvement des chômeurs en Allemagne, voir Richard J. Evans et Dick Geary (éd.), *The German Unemployed, Experiences and Consequences of Mass Unemployed from the Weimar Republic to the Third Reich*, New York, Saint Martin's Press, 1987, et en particulier, sur le rôle du parti communiste dans l'organisation de chômeurs, voir le chap. 9 : Anthony Mac Elligott, « Mobilising the Unemployed : the KPD and the Unemployed Workers'Movement in Hamburg-Altona during the Weimar Republic », p. 228-260.

34. Pierre Broué, *Révolution en Allemagne (1917-1923)*, Paris, Minuit, 1971, p. 583.

35. Dick Geary, « Unemployement and Working-class Solidarity », *in* Richard J. Evans et Dick Geary (éd.), *op. cit.*, 1987, p. 261-280.

Chapitre III
Chômage de masse et diversité des mobilisations

1. Raymond Ledrut, *op. cit.*, 1966.
2. François Michon, *Chômeurs et chômage*, Paris, PUF, 1975.
3. En 1979, une allocation spéciale d'attente (ASA) est créée pour les licenciés économiques, qui leur assure un revenu de remplacement au moins égal à 90 % de leur ancien salaire brut. Sur les dispositifs institutionnels accompagnant les suppressions d'emploi, voir Marie-Claire Villeval (dir.), *Mutations industrielles et reconversion des salariés*, Paris, L'Harmattan, 1992.
4. Christine Abrossimov, « La politique de l'emploi », in *La Protection sociale en France*, Paris, La Documentation française, 1995, p. 109-114 ; Norbert Holcblat, « La politique de l'emploi en perspective », in *40 ans de politique de l'emploi*, Paris, DARES, La Documentation française, 1996, p. 7-44.
5. En 1980, le taux de chômage des jeunes de 16 à 24 ans est le triple de la moyenne nationale, et il varie en raison inverse du niveau de formation scolaire.
6. Bernard Eme, Jean-Louis Laville, *Les Petits Boulots en question*, Paris, Syros-Alternatives, 1988.
7. Dominique Gambier, Michel Vernières, *L'Emploi en France*, Paris, La Découverte, 1988.
8. Dominique Labbé, Dominique Andolfatto, *La CGT. Organisation et audience depuis 1945*, Paris, La Découverte, 1995 ; Dominique Labbé, *Syndicats et syndiqués en France depuis 1945*, Paris, L'Harmattan, 1996.
9. Maria Teresa Pignoni, « Silence, on chôme ! », *Informations sociales*, n° 37, 1994 a, p. 14.
10. Didier Gélot, Vincent Merle, « Editorial », *Grand angle sur l'emploi*, Revue de l'ANPE, n° 4, p. 3.
11. Didier Demazière, *op. cit.*, 1995 b.

12. Simon Wuhl, *Insertion : les politiques en crise*, Paris, PUF, 1996, p. XVI.
13. Robert Castel, *op. cit.*, 1995.
14. René Lafore, « La pauvreté saisie par le droit », *in* Robert Castel, Jean-François Laé (dir.), *Le Revenu minimum d'insertion. Une dette sociale*, Paris, L'Harmattan, 1992.
15. Aujourd'hui, près de 50 % des chômeurs inscrits à l'ANPE ne bénéficient d'aucune allocation pour chômage ; parmi ceux qui sont indemnisés, 70 % perçoivent moins de 4 000 francs par mois ; l'introduction (en 1992) de la dégressivité des allocations versées au titre du régime d'assurance érode très rapidement les revenus des chômeurs qui perçoivent l'Allocation unique dégressive (57 % du salaire moyen et une diminution de 17 % tous les six mois), le RMI se substitue de plus en plus à l'indemnisation du chômage et le nombre d'allocataires du RMI dépasse un million (cf. Robert Castel, Jean-Paul Fitoussi, Jacques Freyssinet, Henri Guaino, *op. cit.*, 1997).
16. Maria Teresa Pignoni, « L'indemnisation du chômage », *Informations sociales*, n° 37, 1994 b, p. 18-23 ; A. Bollot-Gitler, « Le système d'indemnisation du chômage : évolution et caractéristiques entre 1979 et 1991 », *Dossiers statistiques du travail et de l'emploi*, n° 84, DARES, 1992.
17. Jean-Louis Dayan, « L'avenir de l'assurance chômage : à nouveaux risques, nouveau régime ? », *Droit social*, n° 7-8, juillet-août 1996, p. 670-679.
18. Jean-Luc Outin, Florence Audier, Ai-Thu Dang, *Les Bénéficiaires du RMI face au chômage et aux mécanismes d'indemnisation : une approche par les données de l'enquête emploi et par un panel d'inscrits*, Paris, SET-METIS, ronéo, 1998.
19. Christophe Guitton, « Chômages, indemnisation, insertion : la nouvelle géométrie de la protection sociale », *in* Patricia Bouillaguet, Christophe Guitton (éd.), 1992, *op. cit.*, p. 432.

20. Serge Paugam, (dir.), *L'Exclusion. L'état des savoirs*, Paris, La Découverte, 1996.

21. Dominique Schnapper, « Intégration et exclusion dans les sociétés modernes », *in* Serge Paugam, (dir.), *L'Exclusion. L'état des savoirs, op. cit.*, p. 23-31.

22. Serge Paugam, « La constitution d'un paradigme », *in* Serge Paugam, (dir.), *op. cit.*, 1996, p. 15.

23. Yves Clot, Jean-René Pendariés, *op. cit.*, 1997, p. 50.

24. Didier Gélot, Bernard Simonin, « L'évaluation de la politique de l'emploi. Un bilan partiel des pratiques depuis la fin des années soixante-dix », in *40 ans de politique de l'emploi, op. cit.*, 1996, p. 277-322.

25. Dans plusieurs pays européens, des mobilisations collectives ont pourtant émergé au sein de dispositifs similaires. En Belgique, les chômeurs en formation et les « minimexés » (allocataires du revenu minimum d'existence) tentent de s'organiser et de définir de revendications (*La Lettre de l'insertion par l'activité économique*, n° 2, janvier 1997, p. 11). En Irlande, les chômeurs engagés dans des dispositifs publics d'insertion par le travail (*scheme workers*) sont défendus par l'INOU. A Naples, en Italie, depuis les années 70, les chômeurs en formation ou plus récemment les chômeurs employés dans les travaux socialement utiles (LSU), en grande partie anciens « chômeurs organisés », se sont mobilisés pour défendre leurs droits et notamment revendiquer un « vrai travail ».

26. Depuis 1985, les flux annuels d'entrée dans les stages de formation, emplois d'utilité sociale et emplois marchands aidés sont supérieurs à un million, et atteignent la barre des deux millions en 1994 (source DARES, ministère du Travail).

27. Selon la terminologie officielle, celle des politiques publiques, les chômeurs sont les « cibles » des dispositifs.

28. Didier Demazière, *Former pour insérer ou former des « chômeurs »*, ronéo, rapport pour le Conseil régional Nord-Pas-de-Calais, novembre 1998.

29. Dan Ferrand-Bechmann, *Bénévolat et solidarité*, Paris, Syros-Alternatives, 1992, notamment le chapitre 2.

30. Cinq ans après leur lancement, le nombre de repas distribués a plus que triplé pour dépasser la barre des 27 millions, et le nombre de bénévoles a plus que doublé (voir Jean-Marc Salmon, *op. cit.*, 1998, p. 33).

31. Jean-Marc Salmon, *op. cit.*, 1998, p. 39.

32. Créé en octobre 1985, le COORACE regroupe alors une vingtaine d'associations engagées dans des actions de solidarité immédiate. Reconnues en 1987 par les pouvoirs publics, les associations du COORACE sont alors associées à l'élaboration du dispositif « associations intermédiaires » et, en 1989, à la mise en place du RMI.

33. Thierry Baudouin, Jean-Noël Chopart, Michèle Collin, Laurent Guilloteau, *Mouvements de chômeurs et de précaires en France. La revendication d'un revenu garanti*, Paris, ronéo, rapport pour la MIRE, 1988, p. 65.

34. Les extraits d'entretien cités dans ce chapitre proviennent d'enquêtes réalisées par les auteurs auprès de membres d'associations de chômeurs, principalement dans la région Nord-Pas-de-Calais.

35. Il est remarquable qu'à cette fuite organisée de la condition de chômeur réponde une reconnaissance sociale de ces initiatives, ou du moins une valorisation des activités de ces groupes. Dans les magazines comme *Rebondir*, ce sont les initiatives orientées vers la création d'entreprises (« les chômeurs créent leur emploi »), les activités de reclassement (« les chômeurs outplaceurs ») ou les démarches auprès des entreprises (« les chercheurs d'emploi ») qui reçoivent le plus d'écho et sont montrées en exemple (voir, sur ce point,

Didier Demazière, « Les chômeurs s'auto-valorisent », *Chimères*, n° 3, printemps 1998, p. 17-37).

36. Extrait de la Charte régionale Nord-Pas-de-Calais des associations de chômeurs, sans emploi et précaires, signée le 24 octobre 1995.

37. Extrait de la Charte régionale, *op. cit.*

38. Jacques Ion, *La Fin des militants ?*, Paris, Ed. de l'Atelier, 1997.

39. Jacques Ion, Michel Peroni (coord.), *Engagement public et exposition de la personne*, Paris, Ed. de l'Aube, 1997.

40. On compte actuellement plus d'une centaine de structures de ce type, coordonnées sur le plan régional et national dans un réseau informel associant syndicats, collectivités locales travaillistes et représentants d'associations. Le centre le plus important, implanté à Liverpool, reçoit plus de 100 000 visiteurs par an.

41. Plus de 140 centres locaux de chômeurs sont affiliés à l'INOU (Frederic Royall, « Regards sur les associations de chômeurs en Irlande », *Partage*, novembre-décembre 1993).

42. Cette association des chômeurs d'Allemagne (ALDV), lancée par un ancien fonctionnaire de l'ex-fédération des syndicats est-allemands, revendique 2 500 permanents et 10 000 membres.

43. Le Comité chrétien de solidarité avec les chômeurs recense, en 1995-1996, 6 000 associations regroupées en cinq catégories : associations et maisons de chômeurs, aides au demandeurs d'emploi, accueil et appui, travaux occasionnels et emplois temporaires, créations d'entreprises, centres et groupes de recherche et coordination.

NOTES 247

Chapitre IV
Les organisations de chômeurs

1. Ces deux critères sont d'ailleurs couramment utilisés en science politique pour caractériser l'espace des organisations et investissements militants liés aux mouvements sociaux (Erik Neveu, *Sociologie des mouvements sociaux*, Paris, La Découverte, 1996, p. 26-28).

2. Maria Teresa Pignoni, 1994 a, *op. cit.*

3. Henry Damette, « Quand j'étais responsable de la CGT chômeurs... », *Collectif*, n° 15, avril 1992, p. 22-24.

4. Henry Damette, *op. cit.*, 1992.

5. Christian Forgeot, « Chômeur : s'organiser pour agir », *Le Peuple*, 1-15 mars 1983, p. 15-19.

6. En 1986, lors de la IIe Conférence nationale des comités CGT de lutte et de défense des chômeurs, on recense 320 comités, quatre ans plus tard, lors de la conférence suivante, les comités comptent officiellement 2 016 adhérents.

7. Charles Hoareau, « Marseille 97-98 », *Les Temps modernes*, n° 600, juillet-septembre 1998, p. 51.

8. Henry Damette, *op. cit.*, 1992.

9. Recensés à partir d'un questionnaire qui a circulé parmi les chômeurs des comités.

10. Le nombre d'adhérents est obtenu en comptant le nombre de timbres « FNI » d'une année. Ce timbre correspond au montant d'une cotisation mensuelle qui est versée annuellement au Fonds national interprofessionnel.

11. Art. 247, *Trajectoires CGT*, n° 33, septembre 1997, p. 12.

12. Au premier trimestre 1998, au sens du BIT.

13. 58 864 ménages au 31 décembre 1997, d'après les données du ministère de l'Emploi et de la Solidarité.

14. Charles Hoareau, qui est à l'origine du comité des chômeurs de La Ciotat, devenu ensuite le leader des comités de

248   CHÔMEURS : DU SILENCE À LA RÉVOLTE

chômeurs des Bouches-du-Rhône, raconte ces événements dans un livre : Charles Hoareau, *La Ciotat. Chronique d'une rébellion*, Paris, Messidor/VO-éditions, 1992.

15. Au cours de sa campagne électorale, il promettait en février 1989 la création de 5 000 emplois

16. Charles Hoareau, *op. cit.*, 1992, p. 55.

17. Les extraits d'entretiens cités dans cette partie proviennent d'une enquête ethnographique conduite par les auteurs depuis 1997 auprès des comités de chômeurs CGT, en particulier dans les Bouches-du-Rhône.

18. Entre 800 et 1 000 (« Comment les hypermarchés arnaquent les consommateurs », *Marianne*, 14-20 juillet 1997, p. 14-16).

19. Interview réalisée par les auteurs.

20. *Ibid.*

21. Art 272 II-2.6, *Trajectoires CGT*, n° 33, septembre 1997, p. 14.

22. Interview de Charles Hoareau (« Marseille, la CGT organise les chômeurs », *Collectif*, n° 21, mars 1994).

23. Pendant l'occupation des antennes des ASSEDIC dans les Bouches-du-Rhône, des groupes de chômeurs engagés dans l'action ont, à plusieurs occasions, fait appel à la « générosité » des automobilistes aux péages des autoroutes du département ou du tunnel du Prado à Marseille.

24. François Desanti, responsable national des comités CGT (« Les mouvements des chômeurs en débat », *Société française*, n° 9-59, avril-mai-juin 1997, p. 7).

25. Interview réalisée par les auteurs.

26. *Ibid.*

27. Charles Hoareau, *op. cit.*, 1998, p. 43-44.

28. Interview réalisée par les auteurs.

29. *Ibid.*

30. De même, là où les comités ont repris à leur compte les

revendications des sans-papiers, ils sont entrés en contact avec des populations immigrées (les Comoriens dans les Bouches-du-Rhône, les Asiatiques dans la région parisienne) traditionnellement réfractaires aux organisations syndicales.

31. Interview réalisée par les auteurs.

32. *Ibid.*

33. Déclaration de Maurice Pagat à la presse, citée par Olivier Filleule, « Conscience politique, persuasion et mobilisation des engagements. L'exemple du syndicat des chômeurs, 1983-1989 », *in* Olivier Filleule (dir.), *Sociologie de la protestation. Les formes de l'action collective dans la France contemporaine*, Paris, L'Harmattan, 1993, p. 137.

34. Entretien avec Maurice Pagat (*Les Temps modernes*, n° 496-497, 1987, p. 284-285).

35. *Partage*, juin-juillet 1985.

36. Entretien avec Maurice Pagat, *op. cit.*, 1987, p. 286-287.

37. *Ibid.*, p. 300.

38. Thierry Baudouin, Jean-Noël Chopart, Michèle Collin, Laurent Guilloteau, *op. cit.*, 1988, p. 22.

39. Un entretien de Maurice Pagat avec Bernard Tapie, paru dans *VSD* le jour de la manifestation, provoque un grand trouble parmi nombre de manifestants.

40. Entretien avec Maurice Pagat, *Libération*, 30 octobre 1993.

41. Robert Crémieux, l'un des responsables du MNCP, *Société française*, *op. cit.*, 1997, p. 8.

42. *Rapport d'orientation du congrès du MNCP*, Gennevilliers, avril 1998, p. 2. Parmi ses principales revendications, le MNCP réclame le droit à l'emploi tout en refusant la précarité grandissante de l'emploi, il demande une réduction du temps de travail à 32 heures accompagnée d'embauches proportionnelles, il revendique la garantie d'un revenu égal à 75 % du SMIC pour toute personne privée d'emploi, il exige

une réforme de l'assurance chômage assortie d'une reconnaissance des associations de chômeurs.

43. Thierry Baudouin, Jean-Noël Chopart, Michèle Collin, Laurent Guilloteau, *op. cit.*, 1988, p. 31.

44. De nombreuses associations de chômeurs, plus ou moins durables et plus ou moins isolées, maillent le territoire, sans qu'il en soit fait de recensement systématique. L'annuaire annuel du Comité chrétien de solidarité avec les chômeurs recense plus de 6 000 associations, mais mélange celles qui sont créées et gérées par des chômeurs avec des associations mises en place par des travailleurs sociaux ou des élus locaux et qui réfèrent à une logique plus caritative ou d'assistance. Dans le Nord-Pas-de-Calais, plus de 40 associations de chômeurs ont été recensées (Didier Demazière, « Expression publique et pratiques collectives des sans-emploi », *Assises régionales pour l'emploi et le travail,* Conseil régional du Nord-Pas-de-Calais, 1995) ; et en Bretagne, 30 associations ont été repérées (Germain Bertrand, Colombe Muñoz, Jorge Muñoz, *Etude-test sur les associations d'entraide pour l'emploi en Bretagne,* ronéo, REFORM, 1995).

45. Nous nous appuyons ici sur une recherche effectuée à titre principal dans la région Nord-Pas-de-Calais, mais nourrie de nombreux contacts avec des associations d'autres régions.

46. On peut se reporter à Mancur Olson, *La Logique de l'action collective,* PUF, 1978 (édition originale en langue anglaise, 1965).

47. Yves Clot, Jean-René Pendaries, *op. cit.*, 1997, p. 19.

48. François Bourneau, Virginie Martin, « Organiser les sans-emploi ? L'expérience de l'APEIS dans le Val-de-Marne », in Olivier Filleule (dir.), *op. cit.*, Paris, L'Harmattan, 1993, p. 157-180.

49. Richard Dethyre, Malika Zediri-Corniou, *La Révolte des chômeurs,* Paris, Robert Laffont, 1992, p. 85.

50. A la fin de l'année 1988, quand l'APEIS occupe le siège de l'ASSEDIC de Créteil, seuls 14,1 % du fonds social du Val-de-Marne a été utilisé.

51. Richard Dethyre, Malika Zediri-Corniou, op. cit., 1992, Significativement, ce livre débute par le compte-rendu d'une « matinée ordinaire à l'ASSEDIC de Choisy-le-Roy » (p. 29-33).

52. Neil Smelser, *Theory of Collective Behaviour*, Londres, Routledge and Keagan, 1962.

53. Les termes employés pour désigner les ASSEDIC sont affectés d'une violence symbolique particulièrement forte : « les raptouts », « l'ASSEDIC de la honte », « les ripoux du cœur », « les apparatchiks », « le monde de Kafka », etc.

54. Yves Clot, Jean-René Pendaries, op. cit., 1997, p. 20.

55. *APEIS. Plus jamais seul*, document de l'APEIS, 1991.

56. Williams Gamson, *The Strategy of Social Protest*, Homewood, The Dorsey Press, 1975.

57. Ce réseau était composé de fédérations, unions régionales et locales de la CFDT en opposition avec la ligne confédérale (transport, ANPE, finances, équipement, Basse-Normandie...), des syndicats du Groupe des Dix (SNUI, Sud-PTT, Sud-Cam, CRC Santé Sociaux, SNJ, SNA-Banque de France...), de militants de la CGT et de la FSU notamment.

58. Michel Husson, « Débattre pour agir contre le chômage », in *AC! Données et arguments*, n° 1, Paris, Ed. Syllepse, 1994, p. 6.

59. Claire Villiers, « Poursuivre le débat... et l'action », *in* Noël Daucé, Alain Ottavi, Claire Villiers (coord.), *Le Cœur à l'emploi*, Paris, Ed. Syllepse, 1996, p. 152-155.

60. Christophe Aguiton, Hubert Constancias, Jean Desessard, Claire Villiers, « Agir ensemble contre le chômage », *Politis La Revue*, novembre 1994-janvier 1995, p. 121-124.

61. Jean-Marc Salmon, op. cit., 1998, p. 202. Le nombre total

de manifestants est estimé entre 6 000 et 8 000 selon la police, à 40 000 selon les organisateurs.

62. Voir les numéros du journal édité par AC! pendant la marche (*La Marche!*).

63. Claire Villiers, « AC! : au cœur du mouvement social », *Politis La Revue*, avril-juin 1997, n° 4, p. 87.

64. Olivier Costemalle, « AC!. Les guérilleros antichômage », *Libération*, 6 février 1996, p. 19.

65. Claude Debons, « Quelles perspectives pour AC! après la présidentielle ? », ronéo, 11 avril 1995, cité *in* Jean-René Pendaries, « Les mouvements de chômeurs et de précaires : contradictions et enjeux », *M*, n° 78, août-septembre 1995, p. 12.

66. Christophe Aguiton, un des porte-paroles de AC!, joue un rôle important dans le lancement de cet appel et l'organisation de ces marches. Cet appel est signé par les organisations françaises suivantes : AC!, MNCP, APEIS, ADEC, DAL, Dd!, et par la CGT espagnole, l'aile gauche de la CGIL italienne, Kairos Europe (une association hostile au traité de Maastricht), le National Unemployed Centre Combine britannique, la Irish National Organisation of the Unemployed, etc.

67. Christophe Aguiton, Hubert Constancias, Jean Desessard, Claire Villiers, *op. cit.*, 1994-1995, p. 124.

68. Daniel Gaxie, « Economie des partis et rétribution du militantisme », *Revue française de science politique*, n° 81-82, 1977, p. 97-112.

Chapitre V
Les enjeux de l'action collective des chômeurs

1. Ce n'était pas le cas non plus des jeunes scolarisés (notamment lycéens) qui se sont mobilisés en mars 1994 contre le CIP (Emmanuelle Paradis, Jean-Marc Salmon, « Du

CIP à la marche des chômeurs », *Esprit*, n° 8-9, août-septembre 1994, p. 181-187), ou encore en octobre 1998. Les chômeurs ont acquis, en 1998, le droit d'être représentés au sein de comités de liaison auprès de l'ANPE et de l'AFPA. Il est trop tôt pour saisir les significations de cette expérience.

2. Il faut entendre statut, non pas dans le sens d'une position occupée dans la structure sociale (avoir telle profession, être privé d'emploi...), mais dans le sens inspiré par Max Weber d'« un ensemble plus ou moins systématique et relativement fixe de comportements qu'on peut attendre, d'une part, d'un individu placé dans une situation donnée, d'autre part, de la société à l'égard de cet individu, et qui sont reconnus comme légitimes par l'individu et par la société » (Dominique Schnapper, « Rapport à l'emploi, protection sociale et statuts sociaux », *Revue française de sociologie*, n° XXXX-1, janvier-mars 1989, p. 3).

3. René Lenoir, *Les Exclus. Un français sur dix*, Paris, Le Seuil, 1974.

4. Michel Autès, « Le débat parlementaire sur le Revenu minimum d'insertion : des malentendus féconds », *Cahiers lillois d'économie et de sociologie*, n° 16, 1990, p. 31-51.

5. Manifeste du MNCP, *Partage*, février-mars 1987.

6. Déclaration de François Desanti, responsable national des comités CGT (« Le travail en question[s] », *Critique communiste*, n° 152, été 1998, p. 40).

7. Déclaration de Richard Dethyre, responsable de l'APEIS (*Critique communiste, op. cit.*, 1998, p. 40).

8. Déclaration de Hubert Constancias, président du MNCP (*Critique communiste, op. cit.*, 1998, p. 40).

9. Déclaration de Claire Villiers, porte-parole de AC! (*Critique communiste, op. cit.*, 1998, p. 39).

10. Cette thématique travaillait déjà certaines organisations de chômeurs dans les années 1980 (Thierry Baudouin,

« Quelles stratégies pour le mouvement des chômeurs ? », *CASH. Journal des chômeurs et des précaires*, décembre 1987, numéro spécial : « Pour un revenu garanti », p. 30-33).

11. Entretien avec un militant de Cargo et de AC! réalisé par les auteurs.

12. Chantal Nicole-Drancourt, *Le Labyrinthe de l'insertion*, Paris, La Documentation française, 1991 ; Didier Demazière, Claude Dubar, « Peut-on parler d'exclusion à propos des jeunes de bas niveau scolaire ? », *Colloque sur l'exclusion*, Guyancourt, 1994.

13. C'est le cas notamment de l'ADEC (Association de défense et d'entraide des chômeurs) qui regroupe principalement des chômeurs de plus de 50 ans et des retraités, et qui est présente en Picardie et dans le Nord de la France.

14. Un des acquis des luttes de l'hiver 1997-1998 réside dans l'augmentation de 1 500 francs des allocations versées aux chômeurs ayant cotisé 40 annuités au régime de retraite.

15. Didier Demazière, *Le Chômage en crise ?*, Lille, Presses universitaires de Lille, 1992.

16. Extraits d'interviews réalisées par les auteurs auprès de chômeurs engagés dans des associations locales de chômeurs.

17. *Ibid.*

18. Didier Demazière, *op. cit.* 1995 b.

19. Selon le code du travail, « seules des personnes exerçant la même profession, des métiers similaires, ou des professions connexes concourant à la production de produits déterminés », peuvent se syndiquer (art. L411-2). Parmi les syndicats, seule la CGT a admis, en modifiant ses statuts, l'existence de syndicats locaux de chômeurs, mais le nombre d'adhérents reste encore faible (cf. chap. IV).

20. Cette déclaration de janvier 1994 a été reproduite récemment dans le journal *Partage*, n° 115, août 1997, p. 31.

21. *Le Monde* du 24 janvier 1994.

22. Les formules préconisées ne sont pas toujours très stables ou définitives, comme en témoignent les positions à propos de la représentation des chômeurs au sein de l'UNEDIC : rôle consultatif des organisations de chômeurs ou élections de représentants participant à la gestion de l'assurance chômage pour l'APEIS ; constitution d'un comité consultatif réunissant le conseil d'administration de l'UNEDIC et les organisations de chômeurs pour les comités CGT, dont plusieurs membres siègent désormais dans des commissions au titre de la CGT ; association des organisations de chômeurs reçues et reconnues par le gouvernement en janvier 1998 à la gestion de l'UNEDIC, puis élections d'un collège de chômeurs pour le MNCP ; participation à un comité consultatif quadripartite (partenaires sociaux, Etat et organisations de chômeurs), puis organisation d'élections de représentants des chômeurs, qui peuvent être des organisations de chômeurs ou des syndicats comme AC!. On peut se reporter notamment à *Critique communiste, op. cit.*, 1998, p. 43-44.

Remerciements

Nous dédions ce livre à celles et ceux qui, en dépit des épreuves qu'ils endurent, se battent quotidiennement, seuls ou collectivement, contre le fatalisme et la résignation. Notre plus grande reconnaissance va aux chômeurs, aux militants, aux professionnels de l'emploi, qui, au cours de nos enquêtes, nous ont livré des bribes de leurs vies, de leurs expériences, de leurs réflexions. Enfin, nous remercions chaleureusement Benoît Chantre, qui a eu l'idée de ce livre et qui, par ses remarques et conseils, nous a accompagnés dans notre travail d'écriture.

Table

Introduction – Hiver 1997, les chômeurs occupent 9
Les chômeurs en colère contre la misère, 10 – Les organisations de chômeurs en quête de reconnaissance, 13 – Le droit de cité des chômeurs, 15 – Une action collective paradoxale, 17.

I. Les obstacles à la mobilisation collective 23
Une situation discriminante mais éclatée, 27 – *Diversité de la catégorie des chômeurs, 27 – Une condition par défaut, 31 – Fuir le chômage, en sortir, 34 – Des rapports de concurrence, 36.*
Une expérience sans valeur, 39 – *Le traumatisme du chômage, 39 – Culpabilité ou résignation ?, 41 – Une réduction à la recherche d'emploi, 44 – Une position impensable, 46.*
Un danger neutralisé et désamorcé, 50 – *L'individualisation du chômage, 50 – Un état dépolitisé et déréalisé, 53 – Une affaire privée, 57 – Une expression interdite, 58.*
Conclusion : de la résignation à la désignation d'une injustice, 61.

II. Les racines de l'action collective des chômeurs 65
La « famine des temps modernes », 68 – *Les révoltes des « sans-travail » en France, 70 – Et dans d'autres pays industriels, 75.*
La crise des années 1930 et les révoltes contre la misère, 79 – *Initiatives syndicales et marches de la faim en France, 80 – La résistance des chômeurs dans d'autres pays, 86.*
Conclusion : des mobilisations « illégitimes », 92.

III. Chômage de masse et diversité des mobilisations 97
  Un chômage sans chômeurs, 99 – *Un chômage transitoire, 100* – *Le « chômage de longue durée », 103* – *« Nouvelle pauvreté » et « exclusion », 105.*
  Le chômeur, absent des mobilisations, 108 – *Le traitement social du chômage, 109* – *Des mobilisations pour les chômeurs, 112.*
  Résistances collectives des chômeurs, 116 – *Recherche d'emploi et action collective, 117* – *Survie et action collective, 123.*
  Conclusion : s'afficher chômeur, 127.

IV. Les organisations de chômeurs 131
  Les comités de chômeurs de la CGT, 133 – *La difficile solidarité avec les licenciés, 134* – *De la bataille de La Ciotat aux comités des Bouches-du-Rhône, 139* – *Revendications immédiates et luttes pour l'emploi, 143.*
  Le Syndicat des chômeurs, 150 – *Alerter l'opinion publique sur le drame du chômage, 151* – *Une défense autonome des chômeurs, 154* – *La difficulté de mobiliser les chômeurs, 157.*
  Le Mouvement national des chômeurs et précaires, 161 – *Fédérer des initiatives locales, 161* – *Développer des lieux de rencontre et d'entraide, 164* – *Socialiser les chômeurs et politiser le chômage, 167.*
  L'Association pour l'emploi, l'information et la solidarité, 172 – *Lutte et revendication contre la misère, 173* – *Le rapport de forces avec les ASSEDIC, 175.*
  Agir ensemble contre le chômage, AC !, 179 – *Chômeurs et salariés pour l'abolition du chômage, 179* – *Luttes ciblées et objectifs généraux, 182.*
  Conclusion : une action collective résistante, 187.

V. Les enjeux de l'action collective des chômeurs 191
L'emploi et le revenu, des relations dialectiques, 195 – *Aides d'urgence et minima sociaux, 196* – *Un revenu « décent » pour tous, 200* – *Droit au revenu et société salariale, 204* – *Droit à l'emploi, chômage et salariat, 207.*
Se revendiquer chômeurs dans une société du travail, 214 – *S'associer et retrouver la dignité, 215* – *Chômeurs actifs, chômeurs acteurs, 220* – *Quelle reconnaissance sociale ?, 223.*
Conclusion : de l'utilité des inutiles au monde, 227.

Notes 231
Remerciements 257
Table 259

Impression réalisée sur CAMERON par
BRODARD ET TAUPIN
La Flèche

pour le compte des Éditions Hachette Littératures
en décembre 1998

Cet ouvrage a été composé par
EURONUMÉRIQUE

Imprimé en France
Dépôt légal : janvier 1999
N° d'édition : 2791 – N° d'impression : 1907V
23-45-5459-01/5
ISBN : 2-01-235459-9